図解でわかる

原価計算の基本としくみ

城西コンサルタントグループ 監修

アニモ出版

本書の内容は、とくに断りがない限り、
2022年12月15日現在の会計基準、関連法令等にもとづいています。

はじめに

　原価計算は、さまざまな会計や簿記の分野のなかでも、とくにむずかしい範囲に属するイメージがあります。単純な売上や経費の集計などと違って、いくつもの集計や計算を繰り返し、原価を計算するためでしょう。

　日常会話では使わないような、難解な用語も多く、ますます理解が妨げられる面もあります。

　そこでこの本では、豊富な図表を使って、むずかしく見える原価計算をすっきり、簡単に理解できるように努めました。細かい計算や説明は省いて、比較的軽い気持ちで読み通せるように構成してあります。

　ですからこの本は、次のような方に読んでいただきたいたいと思っています。

- これから原価計算の勉強を始めたいと思っている方
- これから原価計算の担当になる方、なりそうな方
- いずれ原価計算に関する検定を受けたいと考えている方
- 原価計算について手っとり早く知っておきたい方

　具体的な仕訳や計算問題の勉強を始めるにしても、まずは基本的な考え方と、しくみの全体像を押さえておくことが大事です。この本はそのために、最適の本だと確信しています。

　この本が読者のみなさんの将来の仕事や、将来の目標の達成のお役に立つことができたら、こんなにうれしいことはありません。

2022年12月　　　　　　　　城西コンサルタントグループ

3章 原価を分類して計算しよう

4章 材料費・労務費・経費を計算しよう

5章 部門別に配賦して集計しよう

6章 製品別の原価を計算しよう

7章 原価計算でコストを管理しよう

8章 原価計算で利益の計画をたてよう

9章　原価計算で意思決定をしよう

カバーデザイン◎水野敬一
本文ＤＴＰ＆図版＆イラスト◎伊藤加寿美（一企画）

1章

原価計算はそもそも何を計算するのか

「原価」とは、「原価計算」とは何なのか──"原価計算の憲法"と呼ばれる「原価計算基準」というルール集があります。ここから、原価と、原価計算の基本に迫ってみましょう。

原価は「貨幣価値」＝金額であらわす

日常生活でいう「原価」とは？

　私たちが日常生活で「**原価**」ということばを使うとき、実はかなりいい加減な使い方をしているものです。

　高級な食材をふんだんに使った料理を見て「原価がかかってそう」といったり、商品に付いてきたプラスチック製のオマケを手にして「原価は安いな」とつぶやいたりします。

　いったいどんなときに、お金がかかっている、かかっていないといっているのでしょうか。

では、原価計算でいう「原価」とは？

　そこで、**原価計算基準**を見てみましょう。原価計算基準は1962年に公表されたものなので、表現はやや古めかしいですが、原価という用語が定義されています。

　簡単にかみくだくと、原価計算のしくみのうえで「**製品や商品の製造や販売に使った、モノやサービスをとらえて、金額であらわしたもの**」という意味です（次ページ欄外）。

　つまり、会社は経営のために、商品やサービスを製造・販売していますが、そのためにはいろいろなモノやサービスを使うことが必要になります。その、使った（消費した）ものを金額であらわすのが原価だということです。

　ポイントは、「**金額であらわす**」ところにあります。原価計算基準では「貨幣価値的に」とされていますが、商品やサービスを製造・販売するには、いろいろなものが必要です。材料というモノや、ヒトの労働というサービス、電気やガスといったエネルギーなど、さ

MEMO 原価計算基準：1962年に、当時の大蔵省企業会計審議会が公表した会計基準。日本における原価計算の「実践規範」（前文より）となっている。

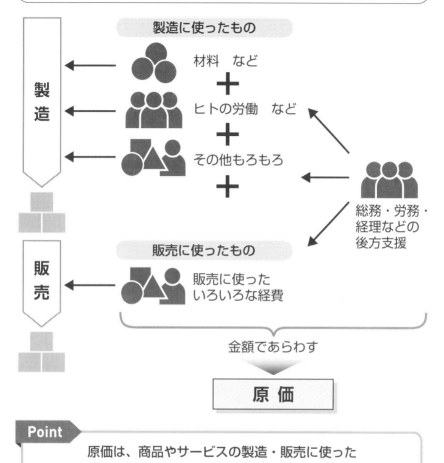

原価はさまざまなものを金額であらわす

製造に使ったもの

製造

材料　など

＋

ヒトの労働　など

＋

その他もろもろ

＋

総務・労務・
経理などの
後方支援

販売に使ったもの

販売

販売に使った
いろいろな経費

金額であらわす

原 価

Point

原価は、商品やサービスの製造・販売に使った
モノやサービスを金額であらわしたもの

まざまなものを消費します。これらをすべて、金額であらわすわけ
です。

　原価計算は一見、面倒な考え方をして、何段階かの計算を繰り返
しますが、それは形のあるもの・ないもの、目に見えるもの・見え
ないものをまとめて、きちんと金額であらわすことを大前提にして
いるからです。

 原価計算基準の「原価」の定義：「原価とは、経営における一定の給付にかかわらせて、は握
された財貨又は用役（中略）の消費を、貨幣価値的に表わしたものである。」

原価にするもの、しないもの

価値があるものを消費したのが原価

　前項で見た原価の定義だけでは、少し漠然とした感じがするのはたしかです。そこで原価計算基準では、「**原価の本質**」として、４つのポイントをあげています。これを見ると、原価というものが少しはっきりしてくるでしょう。

　第１のポイントは、何か経済的な価値があるものを、実際に使った（消費した）ときに原価になるということ。実際に使うまでは原価にならないので、仕入れただけでまだ使っていない材料は原価になりません。

原価とそうでないものを分けるポイント

　第２のポイントとして、何かの価値が、商品やサービスに移されたものが原価になります。たとえば、材料を250円分使うと、材料の価値250円が商品やサービスに移って、商品やサービスの原価が250円増えるわけです。

　第３に、会社の本業である経営目的──商品やサービスの製造・販売に使われたものだけが原価になります。

　意外に感じるかもしれませんが、たとえば、借入金の利息は原価になりません。借入金は、会社の資金繰りの都合でしたことであって、商品やサービスの製造・販売に関連しないからです。

　第４のポイントとしては、正常な状態で使われた分だけが原価になります。たとえば、台風で材料が水浸しになって使えなくなったとしても、その被害は原価になりません。

　基本的な原価の定義を以上の４つのポイントで絞ると、何が原価

「原価」になる４つのポイント

①
「経済価値の 消費」
価値があるものを
実際に使ったときに
原価になる

②
価値が商品などに 「転嫁される」
材料などの価値が
商品等に移る

原価の 本質

③
「経営目的に関連」 する
会社の本業に関連
したものだけが
原価

④
「正常的な もの」
異常な状態でのコス
トや損失は原価に
ならない

Check!　これも原価にならない！

①ただの空気を材料として製造に使っても、経済的価値がないので原価にならない。

②材料を仕入れただけでは原価にならないが、製造途中の未完成品でも材料を使えば、材料の価値が未完成品に移って原価になる。

③使っていない遊休の機械や設備にかかるコストも、製造や販売に関連していないので原価にならない。

④正常範囲の不良品の材料費は原価になるが、材料が盗難にあった被害は原価にならない。

になるのか、ならないのか、少しはっきりしてきます。上の例も参考にして、原価とはいったいどういうものなのか、ここで押さえておきましょう。

「費用」「損失」との違いは？

目的外のものなどは原価にならない

売上原価、販売費および一般管理費は原価

　原価になるもの、ならないものは、具体的にどのように分けるのでしょうか。これは、財務諸表のひとつ、損益計算書を考えてみるとわかります。

　損益計算書は、右の図上のような構成です。図にすると、右の図下のようになります。

　まず、売上高から差し引くのが、売上高の分の原価＝**売上原価**です。これは、前項の図の①から④にあてはまるので、その名のとおり原価になります。

　次に、残りの利益＝売上総利益から差し引くのが、販売や後方支援（☞13ページ）などに使った費用＝**販売費および一般管理費**です。これも①から④にあてはまり、広い意味の原価になります。

営業外費用は費用、特別損失は損失

　しかしその次、営業利益に営業外利益を足して差し引く**営業外費用**は、③の「経営目的に関連」にあてはまりません。借入金の利息などだからです。ですから、費用ではありますが、原価にはなりません。そこで、営業外費用は原価でないものとして分けています。

　そしてさらにその次、経常利益に特別利益を足して差し引く**特別損失**は、災害や盗難の被害などが入る項目です。今度は④の「正常的なもの」にあてはまりません。損益計算書の表記でいえば、原価ではなく損失ということになります。

　このようにして、損益計算書でも原価とそうでないものが分けられています。実は、まだ原価でないものがありますが、それは別の機会に（☞24ページ）。

損益計算書で原価と原価以外を見てみると

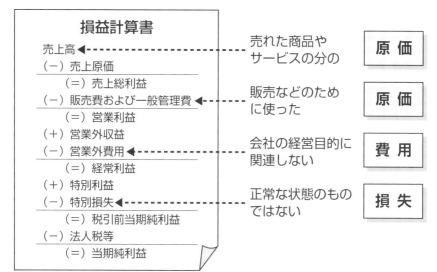

損益計算書

売上高 ◄ ┄┄┄┄┄┄┄┄┄┄┄┄┄┄┄ 売れた商品や　　　　**原 価**
（－）売上原価　　　　　　　　サービスの分の
　　　（＝）売上総利益
（－）販売費および一般管理費 ◄┄┄ 販売などのため　　**原 価**
　　　（＝）営業利益　　　　　　　に使った
（＋）営業外収益
（－）営業外費用 ◄┄┄┄┄┄┄┄ 会社の経営目的に　　**費 用**
　　　（＝）経常利益　　　　　　　関連しない
（＋）特別利益
（－）特別損失 ◄┄┄┄┄┄┄┄┄ 正常な状態のもの　　**損 失**
　　　（＝）税引前当期純利益　　　ではない
（－）法人税等
　　　（＝）当期純利益

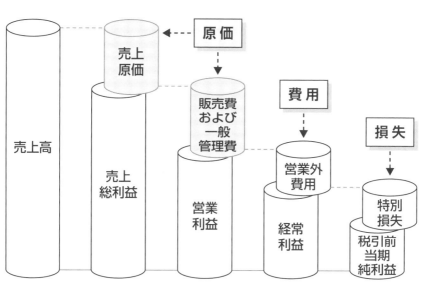

※図を簡略にするため営業外収益、特別利益、法人税等以降を省略しています。

Point

経営目的に関連しないもの、正常な状態のものでは
ないものは損益計算書でも原価と分けられている

製造業の原価、販売業の原価

原価計算は「製造原価」を計算する

製造原価とは、仕入原価とは

前項で見た売上原価とは、要するに売れた製品や商品・サービスの原価で、売れ残った在庫などの原価を含まない金額です。

計算のしかたとしては、①期首に残っていた在庫に、②期中に製造（仕入れ）した製品（商品）を足し、③期末に残った在庫を差し引くと、④売れた分の原価（売上原価）がわかる、という考え方をします。

図にすると右の図上のようになり、損益計算書に表示するときは右の図中のような形です。

このとき、①期首の在庫と③期末の在庫は、製造業では「製品」、販売業では「商品」となります。一方、②期中に製造や仕入れをした分は、製造業では「**製造原価**」、販売業では「**仕入高**」です。

このように、製造業と販売業では、原価の呼び方も変わります。製造業の製造原価に対して、販売業の原価の種類をいうときの呼び方は、「**仕入原価**」です。

仕入原価の計算を原価計算とはいわない

商品の仕入れには、運賃や手数料、保険料、関税などがかかることが多いものです。そこで、仕入原価の計算は通常、仕入れた商品の代金（購入代価）に、運賃など（付随費用）を足して行ないます。

それだけで、仕入原価（仕入高）の計算は完了するので、ごく簡単なものです。

それに対して製造原価の計算は、2章で説明するような手順を踏み（☞38ページ）、集計や計算を繰り返します。そのため、わざわざ「原価計算」という名前が付き、ルールがきちんと決められてい

 MEMO 仕入高：販売する商品の仕入れ（購入）費用をあらわす勘定科目。日常の仕訳では「仕入」の科目を使うことも多いが、損益計算書では「仕入高」とすることも多い。

製造原価と仕入原価の違いは

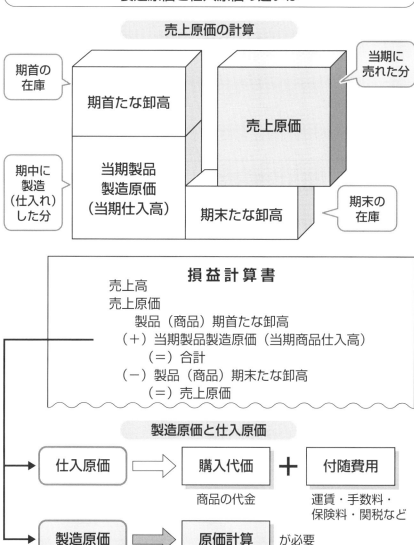

売上原価の計算

期首の在庫 → 期首たな卸高

当期に売れた分 → 売上原価

期中に製造（仕入れ）した分 → 当期製品製造原価（当期仕入高）

期末の在庫 → 期末たな卸高

損益計算書

売上高
売上原価
　製品（商品）期首たな卸高
（＋）当期製品製造原価（当期商品仕入高）
　（＝）合計
（－）製品（商品）期末たな卸高
　（＝）売上原価

製造原価と仕入原価

仕入原価 ⇒ 購入代価 ＋ 付随費用

　　　　　商品の代金　　運賃・手数料・保険料・関税など

製造原価 ⇒ 原価計算 が必要

るわけです。

　ですから、通常は仕入原価の計算を原価計算と呼ぶことはありません。原価計算とは、製造原価の計算（のルール）を指します。

 MEMO たな卸高：期首や期末の在庫の金額をあらわす勘定科目。在庫の数量を確認して（たな卸し）、金額を確定することからこう呼ぶ。前期の期末の棚卸高が、当期の期首の棚卸高になる。

なぜ「原価計算」が必要なのだろう

📊 財務諸表を作成するために

原価になるもの、ならないものをわざわざ分けて、原価計算を行なうのはなぜでしょう。事業にかかったお金を全部足して、合計○○円ではいけないのでしょうか。

なぜ原価計算が必要か——それは、原価がわからないとどうなるかを考えてみるとわかります。原価計算基準に「原価計算の目的」としてあげられているのが、右の5つです。

第1の目的として、**財務諸表**の作成があります。前項で見たように、売上原価がわからないと損益計算書がつくれません。

損益計算書だけでなく、売れ残った在庫の分は、「製品」などとして貸借対照表に載せるので、貸借対照表もつくれません。これが最も基本的で、重要な目的です。

📊 価格の設定やさまざまな管理・計画のために

第2の目的は、製品の価格設定です。価格設定の基本は、原価に一定の利益を乗せて決めることですから、原価がわからないことには、価格の決めようがありません。

第3は、原価管理です。会社が利益をあげるためには、売上を上げるとともに、コストを適切に管理しなければなりません。最も大きなコストである、原価の管理は重要です。

第4の目的として、予算があげられています。予算をつくる（設定する）ことを「編成」といい、予算と実績を比較して、差異をなくしていくのが「統制」です。原価計算は、そのどちらにも役立ちます。

第5の目的は、経営基本計画です。

原価計算の5つの目的

原価計算の目的

①
**財務諸表を
つくるために**

「真実の原価」を
集計して
提供する

②
**価格を
決めるために**

価格の計算に
必要な資料を
提供する

③
**原価を管理
するために**

原価の管理者に
必要な資料を
提供する

④
**予算の編成・
統制のために**

予算の設定・管理
に必要な資料を
提供する

⑤
**経営基本計画
設定のために**

意思決定のために
必要な情報を
提供する

Point

「財務諸表」「価格計算」「原価管理」「予算」
「経営基本計画」が5つの目的

　次項でふれますが、経営計画の策定は、財務諸表を作成するための会計とは別の「**管理会計**」という分野に属します。原価計算が提供する情報は、財務諸表の作成に必要なだけでなく、経営計画などの管理会計にも提供され、経営の意思決定に役立つのです。

 真実の原価：原価計算基準にたびたび登場する用語。ひと言でいえば、財務諸表を作成するために原価計算で把握され、財務諸表に表示される原価。

06 原価計算制度と財務会計

知っておきたい原価計算の2大分野

📱 原価計算制度は財務会計と結びついている

　ここまで見てきた原価計算は、会社で毎日のように集計・計算が行なわれるものです。必要になったときに、臨時に人を集めて行なうのではなく、担当者が常時継続して行なうしくみです。これを「**原価計算制度**」と呼びます。

　会社で毎日、いわゆる経理処理を行ない、期末に財務諸表を作成するしくみを「**財務会計**」といいますが、原価計算制度は財務会計と深く結びついた制度です。

　つまり、原価の情報は、会社でいえば経理の部署、すなわち財務会計が最初に処理します。原価計算制度はそれを財務会計から受け取り、原価計算を行なうわけです。そして、原価計算の情報は再び財務会計に渡され、それを組み入れて財務諸表が作成されます。

　これが、原価計算制度と財務会計の関係です。

📱 もうひとつの分野は意思決定会計（特殊原価調査）

　実は、原価計算には、もうひとつの分野があります。常時継続的に行なうのではなく、必要が生まれたときに、臨時的に行なわれる統計や計算、調査などです。

　原価計算基準では「**特殊原価調査**」と呼んでいますが、一般に「**管理会計**」とくに「**意思決定会計**」と呼ばれる分野です。

　意思決定会計では、会社の経営者や管理者が、経営の意思決定を行なうための原価の情報を提供します。図にあげたのは、原価計算基準が特殊原価調査の例としてあげている原価です（☞9章）。

　以上の原価計算制度と、意思決定会計は、原価計算の2大分野になっています。

22

原価計算制度と財務会計・意思決定会計

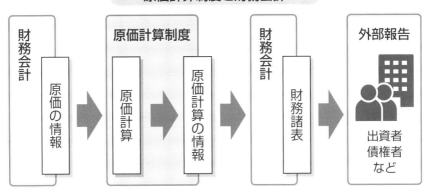

原価計算制度と財務会計

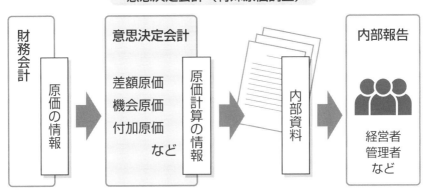

意思決定会計（特殊原価調査）

Check!　財務会計は「外部報告会計」

　財務会計と管理会計の最大の違いは、目的と、報告をする相手の違いから生まれています。財務会計は、財務諸表を作成して、会社の財政状態や経営成績を出資者や債権者など、外部に報告することが目的です。

　それに対して管理会計は、経営の意思決定のために経営者や管理者など、内部に向けて報告することを目的にしています。

　ですから管理会計は、必ずしも財務会計のルールに従う必要がありません。「真実の原価」（☞21ページ）でなくてもよいわけです。

　このような違いから、財務会計を「外部報告会計」、管理会計を「内部報告会計」と呼ぶことがあります。

07 「非原価項目」とは

原価にしてはいけないコストがある

📋 原価にしてはいけない非原価項目

　原価計算制度のうえでは、何が原価になり、何が原価にならないのでしょうか。原価計算基準では、「原価の本質」として原価になるポイントをあげています（☞14ページ）。

　しかし、それだけでは判断に迷うこともあるでしょう。そこで、原価計算基準は別に、原価にしてはいけないもの——すなわち「**非原価項目**」もあげています。

　「たとえば」という断わり付きなので、いわば例示ですが、右図のように詳細で具体的なものです。原価になる・ならないが、かなり判断しやすくなるでしょう。ここでは、原価計算基準の文言をそのまま引用しています。

📋 利益から出ていくコストも原価にならない

　「（一）経営目的に関連しない〜」と「（二）異常な状態を原因とする〜」は、原価になるポイント（☞15ページ）の③と④の裏返しですが、かなり詳細です。15ページでふれた未稼働の固定資産や、休止している設備などもあげられています。

　しかしそれ以降は、非原価項目で加えられている項目です。

　「（三）税法上とくに認められている〜」には、そのときどきの政府の政策により、節税のために計上されるコストがあります。

　「（四）その他利益剰余金に関する〜」は、いわば利益から出ていく性質のコストです。たとえば、法人税がそうしたコストになります。17ページの損益計算書を、もう一度見てください。

　税引前当期純利益まで計算した最後の最後に、法人税等が差し引かれていることがわかるでしょう。

原価にしてはいけない「非原価項目」

（一）経営目的に関連しない価値の減少

1　次の資産に関する減価償却費、管理費、租税等の費用
（1）投資資産たる不動産、有価証券、貸付金等
（2）未稼働の固定資産
（3）長期にわたり休止している設備
（4）その他経営目的に関連しない資産
2　寄付金等であって経営目的に関連しない支出
3　支払利息、割引料、社債発行割引料償却、社債発行費償却、株式発
　　行費償却、設立費償却、開業費償却、支払保険料等の財務費用
4　有価証券の評価損および売却損

（二）異常な状態を原因とする価値の減少

1　異常な仕損、減損、たな卸減耗等
2　火災、震災、風水害、盗難、争議等の偶発的事故による損失
3　予期し得ない陳腐化等によって固定資産に著しい減価を生じた場合
　　の臨時償却費（※）
4　延滞償金、違約金、罰課金、損害賠償金
5　偶発債務損失
6　訴訟費
7　臨時多額の退職手当
8　固定資産売却損および除却損
9　異常な貸倒損失

（三）税法上とくに認められている損金算入項目

1　価格変動準備金繰入額（※）
2　租税特別措置法による償却額のうち通常の償却範囲額をこえる額

（四）その他の利益剰余金に関する項目

1　法人税、所得税、都道府県民税、市町村民税
2　配当金
3　役員賞与金
4　任意積立金繰入額
5　建設利息償却

（※）臨時償却費と価格変動準備金繰入額は、会計基準と法令の改正により廃止されています。

原価は「費用」「コスト」とどう違う？

ビジネスの会話では、「原価」とともに「費用」「コスト」などの用語もよく出てきます。もちろん会話の場合は、厳密な意味で使ってはいないでしょうが、ちょっとしたニュアンスの違いはあるようです。

「原価」という用語には、1章でザッと見たような意味があります。一方「費用」は、もともと財務会計上の用語です。

損益計算書の構造は、「収益－費用＝利益」であらわされます。つまり、売上などの収益から引いて、利益を計算するのが費用です。ですから原価と違って、非原価項目も費用になります。

損益計算書では、売上などに貢献しない、たとえば災害による被害などは損失（特別損失）として表示されていますが、損失も大きなくくりでは費用のうちです（☞16ページ）。

また原価も、売上原価が損益計算書の費用に含まれていますから、原価項目を費用と呼んでも間違いではありません。

「コスト」（cost）は英語なので、日本ではあいまいに使われることが多い用語です。ときには「目に見えないコスト」なんて使い方もされます。

ただし、費用よりは原価に近いニュアンスで、たとえば「コストダウン」といったときは、費用の削減よりは「原価低減」の意味で使っていることが多いでしょう。

2章

いろいろな原価の考え方を知ろう

原価には、いろいろな考え方があります。それ
ぞれの考え方に応じて、原価計算もいろいろで
す。まず、そうした原価と、原価計算のいろい
ろを知っておきましょう。

08 実際原価と標準原価

実際の原価でない原価がある

📠 実際原価とは？ 標準原価とは？

　原価の考え方がひとつではないのは、原価になる4つのポイント（☞14ページ）と、原価計算の5つの目的（☞20ページ）によって、いろいろな考え方が必要になるからです。

　たとえば、原価計算の目的のひとつに**原価管理**がありますが、そのために適しているものに「**標準原価**」があります。

　標準原価とは、原価管理を目的として、科学的・統計的なデータにもとづいてあらかじめ定めておく原価です。標準原価を目標として、実際の原価が外れたら原因を分析し、標準原価に近づけていくことにより、原価管理を行ないます。

　これに対して、実際に発生した原価を集計するのが「**実際原価**」です。実際原価は、正常な状態のもとで、実際に使ったモノやサービスの消費量から計算されます。

📠 目標にできない標準原価がある

　標準原価にも種類があります。

　「**現実的標準原価**」は、よい条件をつくり出せば達成できる目標です。右の図の説明のように、ある程度の余裕を持たせます。

　「**正常原価**」は、異常な事態を除いて、過去の実績の平均に、今後の傾向を加味した目標です。

　一方、「**予定原価**」は、材料や労働時間などの予定消費量・予定価格から計算します。予算の編成などの際に適した標準原価です。

　さらに、「**理想的標準原価**」があります。こちらは、現実的にはありえないような、理想的な条件で達成できるものなので、原価計算基準では、目標にする標準原価ではないとされています。

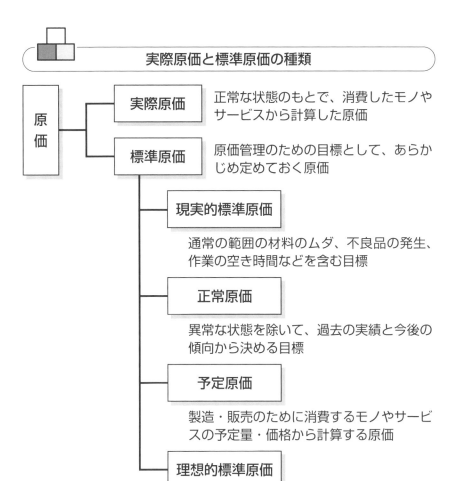

実際原価と標準原価の種類

原価 ─┬─ 実際原価 ── 正常な状態のもとで、消費したモノやサービスから計算した原価

└─ 標準原価 ── 原価管理のための目標として、あらかじめ定めておく原価

　　現実的標準原価

　　　　通常の範囲の材料のムダ、不良品の発生、作業の空き時間などを含む目標

　　正常原価

　　　　異常な状態を除いて、過去の実績と今後の傾向から決める目標

　　予定原価

　　　　製造・販売のために消費するモノやサービスの予定量・価格から計算する原価

　　理想的標準原価

　　　　すべての条件が理想的にそろって、初めて達成できるので、目標にはできない

Check! 最も適しているのは現実的標準原価

　4つあげた標準原価のうち、原価管理の目標として、最も適しているのは現実的標準原価です。現実的に、達成可能な目標となります。

　正常原価も、過去の実績のデータにもとづいているので、標準原価として用いることが可能です。

　しかし予定原価は、予算の編成などには適していますが、単なる予定なので、原価管理の目標とするにはムリがあります。

　そして理想的標準原価は、現実的に達成不可能なので、目標としての標準原価にはできません。

製品の原価でない原価がある

製品原価とは？ 期間原価とは？

原価計算の最も重要な目的のひとつに、財務諸表の作成があります（☞20ページ）。その財務諸表のうえで、どこにどう表示するかでも、別の原価の考え方が必要です。

これまでもたびたび、ふれたように、原価は何かに集計するものです。製造した製品ごとに集計するのが製造原価で、仕入れた商品ごとに集計すると仕入原価になります（☞18ページ）。

しかし、なかには製品などに集計できない原価があるものです。たとえば、さまざまな製品の商談を行なう営業パーソンの人件費は、どの製品にいくらと集計できるでしょうか。またたとえば、営業所の家賃や水道光熱費は、どの製品のためにいくらかかったとわかるでしょうか。

製品ごとに集計できる原価は「**製品原価**」です。一方、製品ごとに集計できない原価は、いわばその期間の売上高全体にかかった原価と考えて、「**期間原価**」と呼びます。

財務諸表ではこうして表示する

財務諸表のうえで、製品原価はまず、損益計算書の売上原価に表示されます。これが売れた製品の分の製品原価です。

しかし、売れ残った製品（在庫）や製造途中の**仕掛品**でも、すでに使った（消費した）分は原価になりますから（☞15ページ）、こちらも財務諸表に表示しなければなりません。

そこで、売れ残った製品の在庫や仕掛品の分の製品原価は、貸借対照表に表示します。資産の部に、製品や仕掛品として、在庫を表示しているのがそれです。

MEMO 仕掛品：生産が完了していない未完成の製品。期末に製造ラインの途中に残っている分の原価も計算する必要があるが、完成していないので別の計算が必要になる（☞102ページ）。

製品原価、期間原価と財務諸表

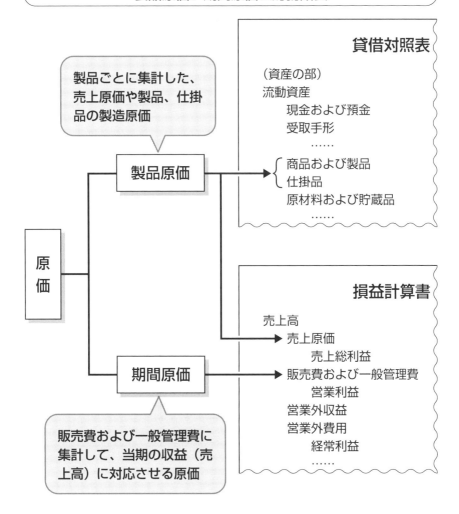

製品ごとに集計した、
売上原価や製品、仕掛
品の製造原価

製品原価

原
価

期間原価

販売費および一般管理費に
集計して、当期の収益（売
上高）に対応させる原価

貸借対照表

（資産の部）
流動資産
　　現金および預金
　　受取手形
　　……
　　　商品および製品
　　　仕掛品
　　原材料および貯蔵品
　　……

損益計算書

売上高
　売上原価
　　売上総利益
　販売費および一般管理費
　　営業利益
　営業外収益
　営業外費用
　　経常利益
　……

　ちなみに、まだ使っていない材料などは原価になりませんから、原材料などとして別に表示します。

　一方、製品ごとに集計できない期間原価を表示するのが、損益計算書の販売費および一般管理費です。製品ごとに対応させることができないので、販売費および一般管理費として一括し、その事業年度という期間全体の売上高に対応する期間原価としているわけです。

全部を集計しない原価がある

🖩 通常の原価では必要なデータが得られない？

原価計算の目的のなかには、価格を決めるための資料を提供する、計画を策定するための情報を提供する、といったものもあります（☞ 20ページ）。

しかし、実際原価や標準原価では、そのために必要なデータが得られないことがあるのです。

たとえば、生産量を2倍にしたときの製品の原価はいくら？　利益を○○万円増やしたいときの売上高はいくら？　といった、一見、簡単そうな計算でも、実際原価や標準原価から得られる情報では計算できません。

8章で詳しく見ますが、これは原価のなかに、生産量に比例して増減する部分と、生産量に関係なく一定額がかかる部分があるからです。生産量に比例して増減する原価を**変動費**といい、上記のような計算を行なうには、変動費のみを集計する必要があります。

🖩 直接原価計算は最も重要な「部分原価」

このように、原価のうちの一部分の範囲を集計するものを「**部分原価**」といいます。全部の範囲を集計するのは「**全部原価**」です。

全部原価では、製品をつくるために消費した全部の製造原価、またはそれに、販売や後方支援のための販売費および一般管理費を加えたものを集計します。

実際原価計算や標準原価計算は、全部原価でなければなりません。

一方、部分原価にはいくつかの種類がありますが、最も重要な部分原価は上記で説明した、変動費のみを集計する部分原価とされています。このように、変動費のみを集計するものを「**変動原価**」ま

全部原価と部分原価の違いは

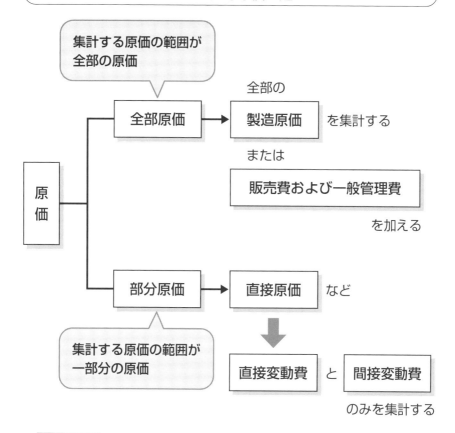

集計する原価の範囲が
全部の原価

全部の
製造原価 を集計する

または

販売費および一般管理費

を加える

原価

全部原価

部分原価 → **直接原価** など

集計する原価の範囲が
一部分の原価

直接変動費 と **間接変動費**

のみを集計する

Check!　　　　全部原価は「総原価」？

　製造原価に、販売費および一般管理費を足したものを「総原価」といいます。
ですから、全部原価は製造原価または総原価ということになります。
　また、後で詳しく見ますが、原価には直接費・間接費という分類も必要です
（☞52ページ）。そこで直接原価は、正確にいえば、上の図のように「直接変動費」
と「間接変動費」を集計するもの、ということになるわけです。

たは「**直接原価**」といい、これが最も重要な部分原価とされている
わけです。

　この、直接原価を計算するのが「直接原価計算」です（☞8章）。

（まとめ）原価計算は全部原価で

🖩 原価計算制度の目的は３つ

　全部原価と部分原価といった考え方に、何の意味があるんだと思った方もいるでしょう。そこで、原価計算基準にたち戻ってみましょう。

　原価計算基準は、いろいろな原価の考え方を説明し、非原価項目（☞24ページ）などをまとめた後に、「原価計算の一般的基準」という項目を設けています。

　この部分は、ここまで見てきた内容の補足、いわば"まとめ"です。ここを見ると、全部原価と部分原価の考え方が必要な理由がわかります。

　この部分でまとめているのは、右の図のような３つの内容です。原価計算の５つの目的（☞20ページ）と比べると、価格計算と経営基本計画が外されていますが、それはこの部分が原価計算制度について述べているからです。

　財務諸表を作成するための原価計算制度（☞22ページ）では、意思決定会計に属する価格計算と経営計画は目的に含まれません。この３つが、原価計算制度の目的といっていいでしょう。

🖩 原価計算制度では全部原価を用いる

　「①財務諸表の作成に役立つために」では、「すべての製造原価要素」を集計して、損益計算書の売上原価と、貸借対照表の製品・仕掛品などに計上することが説明されています。

　これは30ページで見た内容ですが、ポイントは「すべての」とあるところです。つまり、原価計算制度における原価計算は、部分原価ではなく、全部原価を用いるということが述べられています。

原価計算制度の目的と全部原価

原価計算制度の目的

①
財務諸表の
作成に役立つ
ために

②
原価管理に
役立つために

③
予算とくに費用
予算の編成ならびに
予算統制に役立つ
ために

（1）すべての製造原価要素を製品に集計し、損益計算書上売上品の製造原価を売上高に対応させ、貸借対照表上仕掛品、半製品、製品等の製造原価をたな卸資産として計上することを可能にさせ、（後略）

（「原価計算基準」より抜粋）

すべての製造原価要素 を集計する

⬇

部分原価 ではなく 全部原価 を用いる

これで、全部原価と部分原価という考え方が必要な理由がわかるでしょう。全部原価と部分原価だけてなく、製品原価と期間原価、実際原価と標準原価の考え方にも、それぞれ必要な理由があります（☞次項）。

MEMO たな卸資産：たな卸し（☞19ページ）が必要な資産。仕掛品、半製品、製品のほか、原材料などが含まれる。一般的には「棚卸」と表記するが、原価計算基準ではたな卸と表記する。

（まとめ）原価計算は実際原価で

原価計算は実際原価を計算するのが原則

前ページの原価計算基準の引用の続きが、右の図上の抜粋です。これも30ページで見た内容ですが、ここから製品原価と期間原価の考え方が必要な理由がわかります。

つまり、製造原価は製品ごとに集計できるが、販売費および一般管理費はできない、そこで期間原価として損益計算書の売上高に対応させるということです。

では、実際原価と標準原価の考え方についてはどうでしょうか。「原価の一般的基準」で、実際原価と標準原価についてふれた部分のなかに、右の図中のような内容があります。

つまり、原則として実際原価を計算する、必要なら標準原価で計算できるということです。

原価の目標である標準原価を財務諸表に提供できる、すなわち標準原価で財務諸表がつくれるというのは、不思議に思うかもしれませんが、これは後で説明します（☞7章）。

原価計算は財務会計と結びついている

財務会計との関係についても、ふれられています。こちらは22ページで見た内容です。

原価計算と財務会計が結びついていることを述べていますが、「諸勘定」を設けるとあります。これはこういうことです。

財務会計の経理処理に際しては、費用などの分類や集計のために「勘定科目」が設けられます。たとえば、消耗品費、通信費といった具合です。

このとき、原価に関する勘定科目をあらかじめ、設けておくこと

製品原価と期間原価、実際原価と標準原価

（２）また、販売費および一般管理費を計算し、これを損益計算書上期間原価として当該期間の売上高に対応させる。

（「原価計算基準」より抜粋）

製造原価要素	損益計算書の売上原価 貸借対照表のたな卸資産		製品原価
販売費および一般管理費	損益計算書		期間原価

（前略）原価計算は、原則として実際原価を計算する（中略）。また必要ある場合には、製品原価を標準原価をもって計算し、これを財務諸表に提供することもできる。

（「原価計算基準」より抜粋）

原則として		実際原価	を計算する
必要ある場合には		標準原価	をもって計算できる

４．原価計算は、財務会計機構と有機的に結合して行なわれるものとする。このために勘定組織には、原価に関する細分記録を統括する諸勘定を設ける。

（「原価計算基準」より抜粋）

財務会計と　有機的に結合して行なわれる　　原価に関する
諸勘定を設ける

を求めているのです。

　一見、何げない注意書きのようですが、これが原価計算の手順のスタート地点に関係しています（☞次項）。

13 実際原価の計算手続き

実際原価計算は３ステップで行なう

📊 まず費目別計算で原価を分類

　原価計算は、原則として実際原価を計算します。実際原価を計算する手順は、右の図の３ステップです。これを「**原価計算手続き**」といいます。

　この計算は期間を定めて行ない、通常は１か月のサイクルです。これを「**原価計算期間**」といい、12か月分を集計したものが年度の原価になります。

　原価計算手続きは、財務会計によって勘定科目に整理されたデータを受け取るところがスタート地点です（☞前項）。

　第１ステップの「費目別計算」は、４章で詳しく見ますが、受け取ったデータを見た目（形態別）や、何のために使ったか（機能別）などで分類します。

　また、原価にはどの製品に使ったとわかるもの（直接費）と、わからないもの（間接費）があるので、その分類も必要です（☞52ページ）。販売費および一般管理費については、この費目別の集計で原価計算が完了します。

📊 部門別計算を経て最後に製品別計算

　第２ステップの「部門別計算」では、費目別に分類した製造原価を、こんどは部門別に集計します。

　これは、製造に関わる部門のなかにも直接、どの製品を製造したとわからない「補助部門」があるからです。補助部門で発生した原価（補助部門費）は、製造部門に割り振ります（☞５章）。直接費は、部門別計算なしに、次のステップに向かうことができます。

38

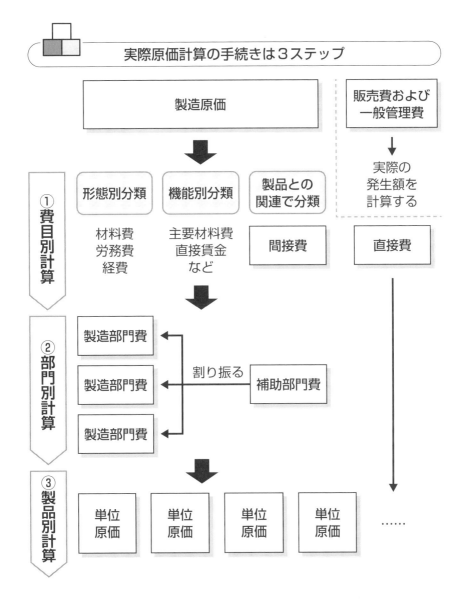

実際原価計算の手続きは3ステップ

製造原価

販売費および
一般管理費

実際の
発生額を
計算する

① 費目別計算

形態別分類

機能別分類

製品との
関連で分類

材料費
労務費
経費

主要材料費
直接賃金
など

間接費

直接費

② 部門別計算

製造部門費

製造部門費

製造部門費

割り振る

補助部門費

③ 製品別計算

単位
原価

単位
原価

単位
原価

単位
原価

……

　最後に、製品ごとの原価を計算するのが、第3ステップの「製品別計算」です。

　最も基本的な原価計算では、かかった原価を製造した製品の数で割って、1個あたり、10個あたりなどの原価を計算します。図の「単位原価」とは、この単位あたりの原価のことです（☞6章）。

サービスの原価も計算できる

🖩 活動基準原価計算＝ＡＢＣとは

　このあたりでいったん、原価計算基準から離れて、いろいろな原価計算の話に戻りましょう。

　これまで見てきたような伝統的な原価計算は、19世紀のアメリカで誕生しましたが、20世紀も後半——1980年代に生まれた比較的新しい原価計算があります。日本語では「**活動基準原価計算**」、英語では略して「**ＡＢＣ**」と呼ばれる原価計算です。

　ＡＢＣが生まれた背景には、製造業における「間接費」の増大があります。前項で少しふれましたが、どの製品にいくらかかったと、直接的にわかるのが「直接費」、直接的にわからないのが間接費です（☞52ページ）。

　昔の製造業では、もともと直接費の割合が非常に高かったはずですが、現代の製造業は違います。高度化した機械の保守管理はもちろん、生産管理、品質管理、在庫管理などなど、製造を支援するためのコスト——間接費が増大しているのです。

　そこで、1980年代のアメリカで研究されたのが、間接費もきちんと計算できる原価計算、ＡＢＣというわけです。

🖩 「アクティビティ」はサービス別などにも集計できる

　ＡＢＣのしくみについては次項で説明しますが、伝統的な原価計算との違いでいうと、原価計算が原価を費目別・部門別に分類・集計するのに対して、「**アクティビティ**」（活動）というものを基準に集計します。

　そのため、アクティビティの集計のしかたを変えると、製品別だけでなく、サービス別の原価なども集計できるのです。ＡＢＣは、

MEMO　ＡＢＣ：Activity Based Costing の略。Costing は原価計算の意味で、全体ではアクティビティをベースにした原価計算の意味。日本語訳が活動基準原価計算。

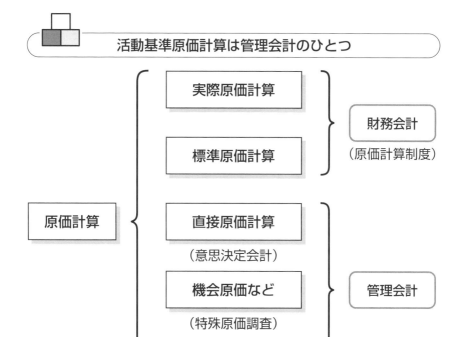

活動基準原価計算は管理会計のひとつ

原価計算

実際原価計算

標準原価計算

財務会計
（原価計算制度）

直接原価計算

（意思決定会計）

機会原価など

（特殊原価調査）

活動基準原価計算

管理会計

> **Check!**　サービス業、さらに銀行や病院でも
>
> 　ＡＢＣは「サービスのコストが計算できる原価計算」ですから、サービス業の会社でも、大企業を中心に導入が進んでいます。
> 　さらに、金融機関や医療機関、政府機関や地方自治体など、これまで原価計算とは関係がなかった機関・団体でも、コスト管理のために導入する例が増えているそうです。

　サービスのコストが計算できる原価計算として、とくに大企業で導入が進められています。

　ただし、ＡＢＣを原価計算制度として、財務諸表の作成に用いることはできません。あくまでも、直接原価計算などと同じ、管理会計の原価計算という位置づけです。

　ＡＢＣ（活動基準原価計算）と、財務会計の実際原価計算などとの関係をまとめてみると、上の図のようになります。

ＡＢＣの「アクティビティ」とは

リソース、アクティビティとは

　ＡＢＣ（活動基準原価計算）では、リソース、アクティビティ、コスト・オブジェクトという、３つのものを考えます。

　「リソース」は、ヒト・モノ・カネなどの経営資源です。経営資源を金額であらわしたものを「リソース・コスト」といいます。

　「アクティビティ」は、ひとかたまりの仕事のことです。たとえば「請求書を発行する」など、「○○を××する」という形で定義されます。

　ひとかたまりの仕事を行なうと、請求書の用紙や人件費など、コストが発生するはずです。つまり、リソースを消費します。

　そこでアクティビティには、請求書を１件発行したら○○円などと、数量と金額を設定しておくのです。これが「アクティビティ・コスト」です。

原価はコスト・オブジェクトに集計する

　アクティビティ・コストを集計する対象を「コスト・オブジェクト」（原価集計対象）といいます（材料費は直接、コスト・オブジェクトに割り当てます）。

　製品別に集計すれば製品原価になりますが、ひとつのサービスを提供するのに使った（消費した）アクティビティ（と材料費）を集計することもできます。ですから、ＡＢＣはサービスの原価も計算できるわけです。そのほか、集計するアクティビティと材料費を変えることによって、部門・担当者別、地域・顧客別など、さまざまな原価を計算することができます。

　コストを割り当てるのに使う「コスト・ドライバー」（原価作用因）

 コスト・ドライバー：コストを割り当てるために使う、原価作用因。原価計算の配賦基準（☞82ページ）にあたるが、直接、コストを変動させる要因を用いる点が異なる。

ＡＢＣで原価を集計するしくみ

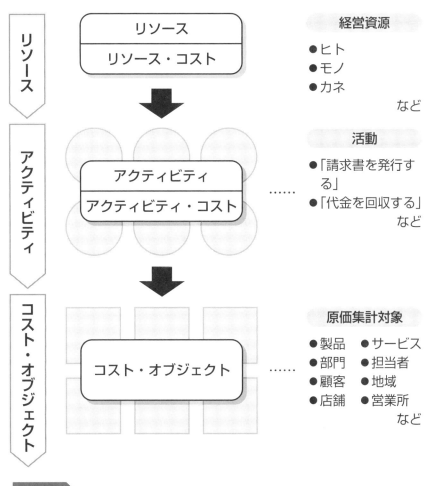

リソース

リソース
リソース・コスト

経営資源
- ●ヒト
- ●モノ
- ●カネ
  - など

アクティビティ

アクティビティ
アクティビティ・コスト

活動
- ●「請求書を発行する」
- ●「代金を回収する」
  - など

コスト・オブジェクト

コスト・オブジェクト

原価集計対象
- ●製品　●サービス
- ●部門　●担当者
- ●顧客　●地域
- ●店舗　●営業所
  - など

Point

アクティビティの集計を変えると、
サービス、店舗など、さまざまな対象に原価を集計できる

など、ＡＢＣには伝統的な原価計算にない特徴もありますが、ザックリ見ると、ＡＢＣは以上のようなしくみで原価を計算するものです。

MEMO　リソース・ドライバー／アクティビティ・ドライバー：それぞれ、リソースからアクティビティ、アクティビティからコスト・オブジェクトに割り当てる際に使うコスト・ドライバー。

配賦基準と「コスト・ドライバー」

　次の３章で詳しく見ますが、原価にはどの製品にいくらと直接わかるものと、直接わからないものがあります。直接わからないものでも、原価を計算するためには何らかの基準にそって、部門や製品に割り振らなければなりません。

　その割り振りが「配賦」で、そのための基準が「配賦基準」です（☞82ページ）。配賦基準は、原価の内容に密接に関係する、合理的なものを選ぶこととされていますが、現実には、完ぺきに関連するような基準はなかなかありません。

　一方、ＡＢＣで、配賦基準のような役割を果たすのが「コスト・ドライバー」です。コスト・ドライバーは前項で見たように「原価作用因」と訳されています。

　その意味は、コストを変動させる原因ということです。たとえば、１つのアクティビティに要する時間などが、コスト・ドライバーになります。要する時間が多いほど、人件費が多くかかるわけですから直接、コストを変動させる原因になるわけです。

　このようにＡＢＣには、伝統的な原価計算にはない特長がいくつかあるため、とくにサービスのコストなどが、より正しく計算できる原価計算とされています。

3章

原価を分類して
計算しよう

原価計算手続きの3ステップにしたがって、原価を計算していくには、まず原価を分類することが必要です。適切に分類するための分類基準を見ていきましょう。

16 原価の分類基準

原価はいくつかの基準で分類される

📠 まず製造原価と販売費および一般管理費に分類する

実際原価計算は、原価計算手続きの３ステップにしたがって計算
を進めます。38ページで軽くふれましたが、そのためにはまず、原
価を分類しなければなりません。

最も基本的な分類はいうまでもなく、製造原価と、販売費および
一般管理費の分類です。製造原価は原価計算手続きの３ステップで
計算しますが、販売費および一般管理費は費目別の計算で分類して
計算が完了します（☞116ページ）。

では、残った製造原価はどんな分類基準で分類できるでしょうか。

📠 製造原価を分類する分類基準いろいろ

まず形態、つまり見た目で分類する方法があります。「**形態別分類**」
と呼びます。たとえば、ひとつの製品の材料になるものでも、原材
料と外部から買ってきた部品では形が違います。そこで、原材料は
「素材費」などと、部品は「買入部品費」などと分類します。

次に、何のために使ったのか、役割を見て分類する方法がありま
す。「**機能別分類**」です。たとえば材料費でも、製品の主な材料と
なる「主要材料費」と、製品開発のために補助的に使ったなどの「補
助材料費」に分類することができるでしょう。

また、これも38ページでふれましたが、原価にはどの製品のため
に使ったと直接わかる直接費と、直接わからない間接費があります。
この直接費と間接費の分類も重要です。

直接費・間接費の分類は、原価計算基準では「**製品との関連にお
ける分類**」と呼んでいます。

さらに原価には、工場が操業すればするほど増える、つまり操業

製造原価の分類基準とは

最初の基本的な分類

| 製造原価 | と | 販売費および
一般管理費 |

製造原価の分類基準

①形態別分類

例　| 素材費 | と | 買入部品費 |

②機能別分類

例　| 主要材料費 | と | 補助材料費 |

③製品との関連における分類

| 直接費 | と | 間接費 |

④操業度との関連における分類

| 固定費 | と | 変動費 |

Point

製造原価はこのような分類基準と
分類基準の組み合わせで分類できる

度に比例して増減する原価と、操業度に関係なく増減しない原価が
あるものです。32ページでも少しふれましたが、後者を「固定費」、
前者を「変動費」と呼びます。

固定費・変動費の分類は、原価計算基準では「**操業度との関連に
おける分類**」という呼び方です。

それでは次項から、それぞれの分類基準による分類を、より具体
的に見ていきましょう。

17

原価の3要素とは

原価は大きく3つに分類できる

📱 材料だけが材料費ではない

製造原価を分類する第1の基準は、形態別分類です。形態別分類は形から見た分類で、まず、大ぐくりに3つに分類できます。

「材料費」「労務費」「経費」の3つです。この3つは、最も基本的な製造原価の分類なので、一般に「原価の3要素」と呼ばれています。

材料費は、原価計算基準によれば「物品の消費によって生ずる原価」で、形態別分類で細分すると右の図のようになります。

材料費と聞くと、製品の元になっている原料や材料、部品などが思い浮かびますが、モノを消費して生じた原価が材料費とされるので、工場で使った消耗品や、消耗品である工具・器具・備品なども材料費です。

📱 人件費は労務費、材料費・労務費以外は経費

次に、労務費は「労務用役の消費によって生じる原価」とされています。要するに、労働の対価などの人件費ですから、細分化すると右の図のようなものです。

ちなみに、賃金は製造の現場の人の給与、給料は技術者や工場の事務の人の、雑給はパート・アルバイトの人の給与です（☞68ページ）。

第3の原価要素は、経費という名前になっています。経費は「材料費、労務費以外の原価要素」とされています。つまり、製造原価で、材料費にも労務費にも分類されないものは、すべて経費というくくりです。

図中の経費の例にあるたな卸減耗費とは、たな卸し（☞19ページ）

「原価の3要素」と形態別分類

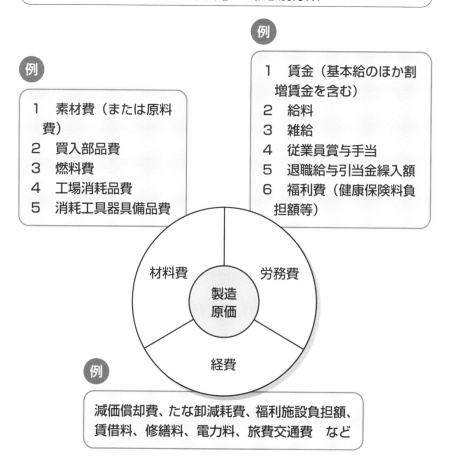

例

1 素材費（または原料費）
2 買入部品費
3 燃料費
4 工場消耗品費
5 消耗工具器具備品費

例

1 賃金（基本給のほか割増賃金を含む）
2 給料
3 雑給
4 従業員賞与手当
5 退職給与引当金繰入額
6 福利費（健康保険料負担額等）

材料費

労務費

製造
原価

経費

例

減価償却費、たな卸減耗費、福利施設負担額、賃借料、修繕料、電力料、旅費交通費　など

Point

形態別分類では製造原価を
材料費・労務費・経費に属する費目に分類する

をして確認した在庫の数と、帳簿上の在庫の数の差を、費用として計上するものです。

　福利施設負担額は、会社が提供する社宅や託児所などの会社負担額のことをいいます。

18

形態別分類と機能別分類

何のために発生したかで分類する

🖩 形態別分類は財務会計と原価計算をつなぐ

前項の形態別分類が重要なのは、原価計算と財務会計が深く結びついているからです。

原価計算（制度）は、財務会計から情報を受け取って、原価計算を行ない、財務会計に情報を返します（☞22ページ）。このとき、最初に財務会計から情報を受け取るのに、用いられるのが形態別分類なのです。

ですから、財務会計に対しては、原価に関する勘定科目をあらかじめ、設けておくことを求めています（☞36ページ）。財務会計と、原価計算をつなぐのが形態別分類だからです。

🖩 機能別分類を加味して分類する

形態別分類が形だけを見て分類するのに対して、機能別分類は何に使ったのか、何のために原価が発生したのか、役割を見て分類します。費目別分類では、機能別分類を加味して分類するという位置づけです（☞56ページ）。

原価計算基準には、原価の3要素にそって右の図のような細分化した例があげられています。たとえば、製品の主要な部分を形づくる材料費は、主要材料費です。

しかし、材料が使われるのは、製品を製造するときだけではないでしょう。製品に製造ミスがあって、補修する場合にも使うし（修繕材料費）、新製品開発のために、試作品をつくる際にも必要です（試験研究材料費）。

そこで、それらを補助材料費として、主要材料費とは別の分類にするわけです。

「原価の3要素」と機能別分類

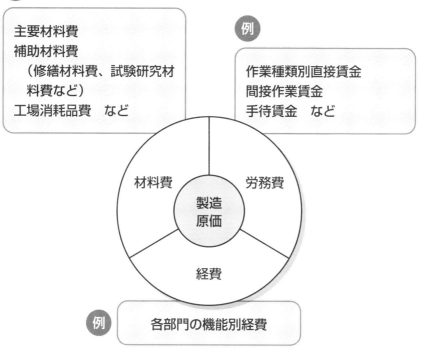

例

主要材料費
補助材料費
　（修繕材料費、試験研究材
　　料費など）
工場消耗品費　など

例

作業種類別直接賃金
間接作業賃金
手待賃金　など

材料費　　労務費

製造
原価

経費

例　各部門の機能別経費

Point

機能別分類ではその原価が
何のために発生したのか、機能別に分類する

　前項の形態別分類と比べてみると、まるで違うことがわかるでしょう。工場消耗品費は、形態別分類と機能別分類に共通していますが、これは形から見ても、機能から見ても、工場で使われる消耗品は工場消耗品費に分類されるためです。

　そのほか、労務費と経費にはよくわからない費目が並んでいるかもしれませんが、これらは後で具体的に見ます（☞4章）。

19

直接費と間接費の分類

どの製品の分とわかるかで分類する

📠 直接費と間接費の分類が重要なワケ

　３番目の分類には「製品との関連における分類」という名前が，付いていますが、要するに直接費と間接費の分類のことです。

　原価計算基準には「原価の発生が一定単位の製品の生成に関して直接的に認識されるか」とありますが、つまりは、どの製品の原価と直接わかるか、わからないかということをいっています。

　どの製品の原価と、直接わかるのが「**直接費**」です。反対に、どの製品の原価と直接わからない原価を「**間接費**」といいます。

　直接費と間接費の分類は重要です。直接費はどの製品の分とわかるので、すぐに製品別の計算に入れることができます。しかし、間接費はどの製品の分とわからないにも関わらず、製品別の計算に入れて、集計しなければなりません（☞38ページ）。

　そのために、部門別計算も必要になるわけですから、原価計算は、間接費があるからこそ必要になったといっても、過言ではないでしょう。

　費目別計算では、形態別分類を基礎とし、機能別分類を加味することになっていますが、直接費と間接費は大別するとされています（☞56ページ）。

📠 原価の３要素と組み合わせて６つに分類

　直接費と間接費は、原価の３要素と組み合わせて分類することができます。直接費は右の図のように、直接材料費・直接労務費・直接経費に分類が可能です。間接費は、間接材料費・間接労務費・間接経費に分類して、合計６つに分類できます。

原価の３要素と直接費・間接費

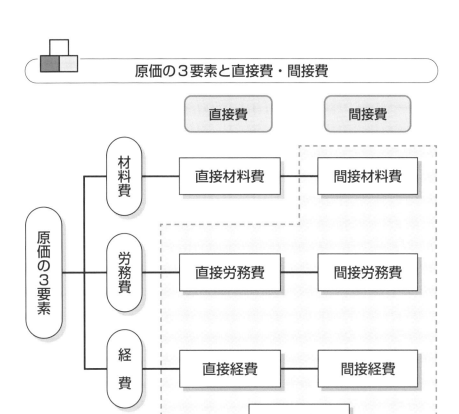

「加工費」って何だろう

　原価計算基準では、製品との関連における分類の説明に「加工費」という分類が出てきます。直接労務費と製造間接費（間接材料費＋間接労務費＋間接経費）の合計、または直接材料費以外の合計のことです。

　この段階では、何のために加工費という分類をする必要があるのか、何に使うのか、まるでわからないのですが、後で便利に使えることがわかります（☞102ページ）。

　いわば、ここで伏線をはっているわけです。

　このような直接材料費などの分類は、原価の３要素と、具体的な費目の中間にあたるくくりなので、さらに具体的な費目に細分されます。これは後で、費目別計算における分類を見ることにしましょう（☞56ページ）。

20 固定費と変動費の分類

増減するかしないかで分類する

固定費と変動費の分類は原価計算に必要ない？

　4番目の分類は、固定費と変動費です。

　お気づきの方が多いでしょうが、固定費と変動費の分類は、ここで説明している原価計算手続きには必要ありません。

　これまで見てきた形態別分類・機能的分類・直接費と間接費の分類は、費目別計算・部門別計算・製品別計算に必須ですが、固定費と変動費の分類はそもそも直接原価計算の要素です。直接原価は部分原価ですから、原価計算制度では利用できないことになっています（☞32ページ）。

　しかし、原価計算のそもそもの目的には、経営基本計画があります（☞20ページ）。計画や分析には、直接原価計算が必須です。そして、直接原価計算には固定費と変動費の分類が欠かせません。そのようなわけで、この分類も知っておく必要があります。

操業度に関係なく一定の固定費、増減する変動費

　原価計算では、固定費と変動費の分類を「操業度」との関係でとらえます。そこで、「操業度との関連における分類」となるわけです。利益計画などでは、売上高との関係でとらえることもあります。

　操業度とは、生産設備が一定として、それをどれだけ利用しているか、稼働率のことです。操業度との関係でいうと、固定費は操業度の増減に関わらず一定の原価、変動費は操業度の増減に比例して増減する原価ということになります。

　固定費はたとえば、工場の家賃をイメージするとわかりやすいでしょう。工場の家賃は、工場がフル稼働しても、何かの事情で1日

固定費・変動費と操業度の関係

固定費の場合

原価の金額 ↑

操業度→

変動費の場合

原価の金額 ↑

操業度→

操業度の増減に関わらず、一定額が発生する原価

操業度の増減に応じ、比例して増減する原価

Point

このような固定費と変動費の考え方が
計画などに必要な直接原価計算の基本になる

も稼働しなくても、同じように一定額がかかります。

　それに対して、材料費（主要材料費）は、操業度が上がるほど多く消費し、生産が止まればゼロになるものです。つまり、操業度の増減に応じて、比例して増減しています。ですから、主要材料費などは変動費です。

　以上を図にすると、上のグラフのようになります。シンプルなグラフですが、直接原価計算のＣＶＰ分析などの基本になるものですから、覚えておきましょう（☞146、148ページ）。

　より具体的な固定費と変動費の分類については、直接原価計算の章で見ます（☞8章）。

製造原価はこうして分類する

📱 形態別分類から直接費と間接費に大別

ここまでの原価の分類をまとめてみましょう。

原価はまず、形態別分類を基礎として分類します。これにより、原価の3要素——材料費・労務費・経費の中分類ができるのです。

同時に、たとえば材料費なら、原料費と買入部品費といった形のうえからの分類ができます。

次に、直接費と間接費に大別することが必要です。大別して原価の3要素と組み合わせると、直接材料費・直接労務費・直接経費、間接材料費・間接労務費・間接経費という分類ができます。

📱 機能別分類を加味する

さらに、必要に応じて機能別分類を加味します。たとえば、材料を主要材料費と補助材料費に分類するといった具合の細分です。

このようにして、費目別計算におけるすべての原価の分類ができます。右は、原価計算基準があげている分類の例です。

なお、間接経費も形態別分類が原則ですが、機能別分類などを加味していくつかの原価をまとめることがあります。たとえば、右の間接経費にある修繕料というのは、修繕材料費や修繕労務費などをまとめた複合費です。

Check! 費目別計算は財務会計でもある

費目別計算は、原価計算手続きの第1ステップですが、財務会計から原価の情報を受け取る段階でもあります。ですから、財務会計の側から見ると、財務諸表を作成するための計算の一部、費用の計算です。ここからも、原価計算と財務会計の密接な結びつきがわかります。

費目別計算における分類（例）

 例

直接費

直接材料費

主要材料費（原料費）
買入部品費

直接労務費

直接賃金（必要ある場合には
　　作業種類別に細分する）

直接経費

外注加工費

 例

間接費

間接材料費

補助材料費
工場消耗品費
消耗工具器具備品費

間接労務費

間接作業賃金
間接工賃金
手待賃金
休業賃金
給料
従業員賞与手当
退職給与引当金繰入額
福利費（健康保険料負担金等）

間接経費

福利施設負担額
厚生費
減価償却費
賃借料
保険料
修繕料
電力料
ガス代
水道料
租税公課
旅費交通費
通信費
保管料
たな卸減耗費
雑費

管理可能費と管理不能費

　原価計算基準には、本文で見た以外にもうひとつ、「管理可能費」と「管理不能費」という原価の分類が示されています。部門の管理者がコントロールできるのが管理可能費で、コントロールできないのが管理不能費です。

　この分類は、原価計算の目的のひとつ、原価管理のうえでも重要になります。原価管理の実績を正しく評価するためには、管理不能費を追求してもしかたありません。管理可能費について評価してこそ、正しく評価できます。

　ただし、管理者の立場によっても、管理可能費と管理不能費は変わるものです。たとえば、材料の仕入価格は製造部門の管理者には管理不能費ですが、購買部門の管理者には管理可能費になります。購買部門では、もっと安い材料を探すなどの対策がとれるからです。

　また、もっと上の、たとえば工場長にとっても管理可能費になります。もっと安い材料を探すよう、購買部門に指示できるはずだからです。

　もっとも、その価格が、工場長着任以前の会社同士の契約によって決まっていたら、工場長にとっても管理不能費になります。このように、管理可能費と管理不能費の分類には、時間の要素も関係するものです。

4章

材料費・労務費・経費を
計算しよう

分類基準をひととおり見たところで、分類した原価の計算に入りましょう。原価の計算は材料費・労務費・経費の、原価の3要素ごとに計算の方法が違います。

材料費の計算

消費量×消費価格で計算する

材料費はこのように分類されている

まずは原価の3要素の第1、材料費の計算です。

材料費は前章で見たように、たとえば右の図のような分類になっています（☞57ページ）。このうち、主要材料費と買入部品費は直接材料費、補助材料費と工場消耗品費、消耗工具器具備品費は間接材料費です。

それぞれがどのような材料費なのか、簡単な説明を加えておきました。

材料費は「数量×単価」で計算する

このような材料費の計算の基本的な考え方は、要するに「数量×単価」です。ただし、原価計算では使った（消費した）分だけを原価としますから（☞14ページ）、製品の製造に使った数量を「消費量」、その単価を「消費価格」といいます。

また、通常の原価計算（制度）で用いるのは実際原価です（☞36ページ）。さらに、原価計算は原価計算期間を定めて行ないます（☞38ページ）。

ですから、正確ないい方をすれば、原価計算期間における、実際の材料の消費量に、消費価格を乗じた（掛けた）ものが、材料に関する原価＝材料費ということになります。

ただし、実際の材料の消費量がわかるためには、材料を出し入れした記録が必要です。通常は、**材料元帳**などで記録しているはずですが、重要度の低い材料では記録をとらない場合もあります。そのような場合は、簡便な方法をとることも可能です（☞次項）。

MEMO **材料元帳**：材料の購入原価をもとに、材料の種類別の受払いを記録するために作成する帳簿。販売業では、同じ考え方で商品有高帳を作成する。

材料費の分類と計算は

材料費の分類

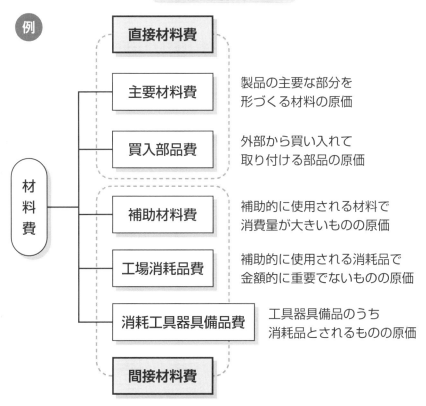

例

材料費

直接材料費

主要材料費 — 製品の主要な部分を
形づくる材料の原価

買入部品費 — 外部から買い入れて
取り付ける部品の原価

補助材料費 — 補助的に使用される材料で
消費量が大きいものの原価

工場消耗品費 — 補助的に使用される消耗品で
金額的に重要でないものの原価

消耗工具器具備品費 — 工具器具備品のうち
消耗品とされるものの原価

間接材料費

材料費の計算

材料費の計算は「数量×単価」、すなわち材料の

実際の消費量 × 消費価格 = 材料費の原価

Point

材料費の計算は、原価計算期間における
実際の材料の消費量に消費価格を掛けるのが基本

23 材料消費量の計算

材料費は使った分だけを計算する

📱 原則として継続記録法で計算する

　材料費を計算するためには、実際の消費量と消費価格がわからなければなりません。材料費は、モノを消費して生じる原価なので（☞48ページ）、仕入れた量ではなく、実際に使った量、使った額を知る必要があるのです。

　まず、実際の消費量を知る方法から見ていきましょう。

　材料の出し入れ（受払い）は通常、材料元帳などで継続的に記録しているものです。それがあれば、原価計算期間に払い出した分を合計して、実際の消費量を知ることができます。

　帳簿などの継続的な記録をもとに、材料の消費量をつかむので「**継続記録法**」と呼ばれる方法です。

　材料の実際の消費量は、原則として継続記録法によって計算することになっています。

📱 たな卸計算法を使うこともできる

　しかし、1日に何度も、少量ずつ払い出すような材料では、継続的な記録がむずかしい場合もあるでしょう。安価な材料だったら、そもそも、記録する手間のほうが高くなってしまうこともあるはずです。

　そのような場合は、継続的記録法に代えて「**たな卸計算法**」を使うことが認められています。

　たな卸計算法とは、売上原価の計算でも使っていた方法です。つまり、前月末の在庫に、当月に製造した（受け入れた）分を足し、当月末の在庫を引けば、当月に売れた（払い出した）分がわかるという考え方をします。

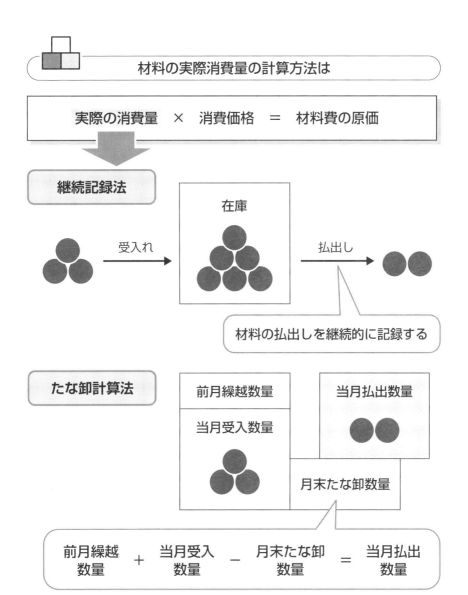

材料の実際消費量の計算方法は

実際の消費量 × 消費価格 ＝ 材料費の原価

継続記録法

在庫

受入れ

払出し

材料の払出しを継続的に記録する

たな卸計算法

前月繰越数量

当月受入数量

当月払出数量

月末たな卸数量

前月繰越数量 ＋ 当月受入数量 － 月末たな卸数量 ＝ 当月払出数量

　実際の消費量を計算する原則的な方法は、あくまでも継続記録法なのですが、それが困難な場合や、必要がない場合に、簡便法としてたな卸計算法による計算が可能です。

　ただし、間接材料費で、継続的な記録を行なわないような材料の場合は、さらに簡便な方法をとれることがあります（☞66ページ）。

24 ▶ 材料消費価格の計算

変動する材料の価格を計算する

🖩 材料の価格を "計算" しなければいけない理由

　次は、材料の消費価格の計算です。材料の価格は、材料台帳などの記録を見れば簡単にわかるはずですが、なぜ "計算" が必要なのでしょう。それは、材料の価格がつねに同じとは限らないからです。

　たとえば、前回仕入れたときは100円だった材料が、今回は110円に値上がりしていたという場合、100円と110円の間でどの価格をとればよいのでしょうか。

　値下がりした場合でも同じです。材料の価格も、何らかの計算を行なう必要があります。

🖩 5つの方法のいずれかで計算する

　材料の消費価格の計算には、右の図のような方法があります。どの方法を採用するかで、材料の価格が変わり、ひいては材料費の総額が変わる可能性があるわけです。

　最も自然な考え方は、先に仕入れたものから先に使うと考える「**先入先出（さきいれさきだし）法**」です。この場合、実際の材料を厳密に、先に仕入れたものから使う必要はありません。あくまでも計算上で、先に仕入れた分から使うとすればよいだけです。

　次に、平均をとる方法も自然な考え方ですが、そのつど平均を計算し直す「**移動平均法**」と、期中に仕入れた全部の平均をとる「**総平均法**」があります。

　「**後入先出（あといれさきだし）法**」は、後から仕入れた分から先に使うと考えて計算しますが、会計基準が変わったため、現在では実務に使用できません。

　「**個別法**」は、受入れの記録から個別の価格を計算するもので、

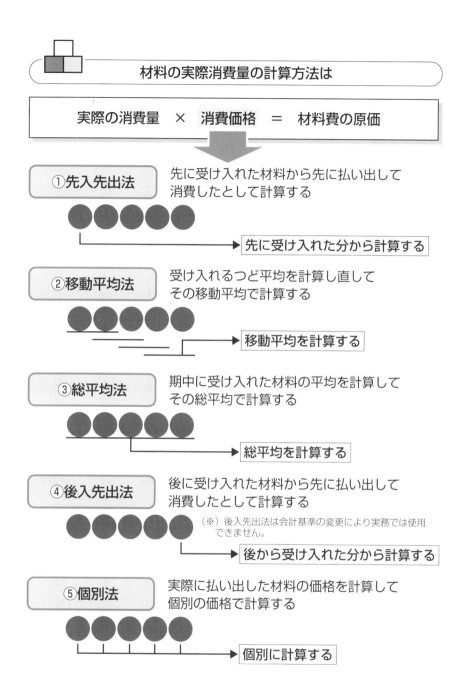

材料の実際消費量の計算方法は

実際の消費量 × 消費価格 = 材料費の原価

①先入先出法　先に受け入れた材料から先に払い出して消費したとして計算する

→ 先に受け入れた分から計算する

②移動平均法　受け入れるつど平均を計算し直してその移動平均で計算する

→ 移動平均を計算する

③総平均法　期中に受け入れた材料の平均を計算してその総平均で計算する

→ 総平均を計算する

④後入先出法　後に受け入れた材料から先に払い出して消費したとして計算する

（※）後入先出法は会計基準の変更により実務では使用できません。

→ 後から受け入れた分から計算する

⑤個別法　実際に払い出した材料の価格を計算して個別の価格で計算する

→ 個別に計算する

確実ですが手間がかかります。大量の材料を消費する、大量生産の場合には向かないでしょう。

材料の購入原価の計算

引取費用など「材料副費」も計算する

📋 「購入原価」はどのように計算するのか

消費量と消費価格で計算した材料の原価を、「**購入代価**」と呼びます。しかし、材料の購入にかかる原価は、購入代価だけではありません。手数料や、引取りの運賃がかかる場合もあるでしょう。

このような「**引取費用**」は、右の図①のように購入代価に足して、材料の「**購入原価**」とします。

さらに、引き取った後も会社の内部で、さまざまな事務や、検収、整理などのコストが発生している場合があります。引取費用と、このようなコストを合わせたものが「**材料副費**」です。

材料副費がある場合は、図②のように材料副費を足して購入原価とします。購入原価の計算方法は、以上の①か②です。

📋 「材料副費」は購入原価にしないことも

材料副費のうち、引取費用は①のように、必ず購入原価に含めて計算しなければなりません。しかし、それ以外の材料副費は、全部または一部を購入原価に含めないこともできます。その場合は、間接経費とするか、材料費に割り振ります（配賦☞82ページ）。

なお、材料費に値引きや**割戻**（わりもど）しがあった場合は、購入原価から差し引く決まりです。後で値引きや割戻しがわかった場合は、同じ材料の購入原価から差し引きます。

どの材料の値引き・割戻しなのか、はっきりしない場合は、材料副費から差し引くなど、適当な方法で処理することも可能です。

そのほか間接材料費では、消費量の計算もしないで、仕入れた額をすべて、そのまま原価にできる場合があります（☞右ページ）。

 MEMO 割戻し：一定の金額や数量を購入した場合に、代金の減額や一部の返金を受けられるもの。リベートともいうが、正当な商行為であり、割戻しを処理するための勘定科目もある。

材料の購入原価の計算方法は

材料の購入原価

①購入代価に引取費用を加算する

購入代価　＋　引取費用　＝　材料の購入原価

②購入代価に「材料副費」を加算する

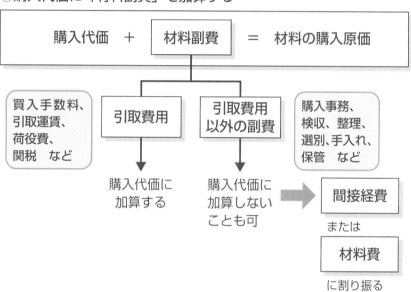

購入代価　＋　材料副費　＝　材料の購入原価

買入手数料、引取運賃、荷役費、関税　など

引取費用

引取費用以外の副費

購入事務、検収、整理、選別、手入れ、保管　など

購入代価に加算する

購入代価に加算しないことも可

間接経費

または

材料費

に割り振る

値引き、割戻しなどを受けた場合

購入代価　＋　材料副費　－　値引き、割戻し　＝　購入原価

Check!　買入額をそのまま原価にできる!?

　間接材料費で、工場消耗品費・消耗工具器具備品費など、受払いの記録をしないものは、買入額をそのまま原価とするのが原則になっています。消費量の計算も不要です。ただし、間接材料費なら何でもというわけではなく、重要度が高くて、受払いの記録をしているような材料は、やはり計算の必要があります。

作業時間×「賃率」で計算する

📱 労務費はこのように分類されている

原価の3要素の第2、労務費とは、要するに人件費です。たとえば、右の図のようなものがあります（☞57ページ）。**直接労務費**と**間接労務費**がありますが、直接労務費は「直接賃金」だけです。人件費は、間接費の割合が高い原価計算なのです。

簡単な説明も付け加えておきましたが、「直接工」とか「間接工」とか、「手待ち」とか「休業」とか、これだけではよくわからないかもしれません。それらについては、次項で直接賃金の計算を見てみると、わかると思います。

📱 労務費は作業時間などに「賃率」を掛けて計算する

直接労務費である直接賃金などは、材料費の場合と同様、「数量×単価」で計算します。すなわち、右図下のように作業時間（または作業量）に「**賃率**」を掛けたものが労務費です。

賃率については下で説明しておきますが、直接賃金以外にも間接作業賃金や手待賃金が、右ページの計算式で計算されます。

ただし、直接賃金などは、必要な場合は「要支払額」で計算する決まりです。その要支払額とは何なのか、それも次項を見るとわかります。

Check!　　**労務費の計算に使う「賃率」とは**

賃率とは、時間あたりの賃金のことです。要するに、時給のようなものと考えればよいでしょう。個人ごとの個別賃率と、職場ごとなどの平均賃率があります。タイムカードなどで、作業時間や作業量を測っている労務費は、その作業時間などと賃率を掛けて計算するのが基本です。

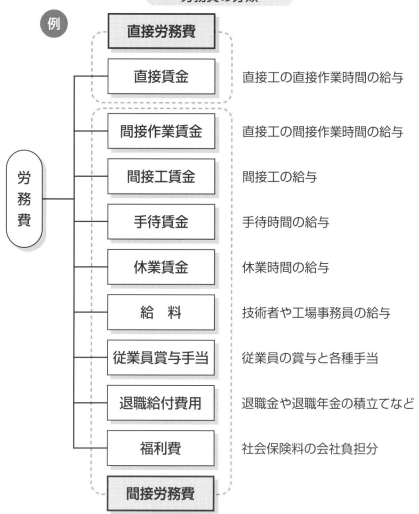

労務費の分類と計算は

労務費の分類

例

直接労務費	
直接賃金	直接工の直接作業時間の給与

労務費

間接作業賃金	直接工の間接作業時間の給与
間接工賃金	間接工の給与
手待賃金	手待時間の給与
休業賃金	休業時間の給与
給　料	技術者や工場事務員の給与
従業員賞与手当	従業員の賞与と各種手当
退職給付費用	退職金や退職年金の積立てなど
福利費	社会保険料の会社負担分
間接労務費	

直接賃金などの計算

労務費の計算の基本も「数量×単価」、すなわち直接工の

作業時間または作業量　×　賃率　＝　労務費の原価

必要なら「要支払額」で計算する

直接賃金は直接作業時間から計算する

まず、直接賃金の計算に必要な「**直接作業時間**」の求め方を見てみましょう。労務費は、賃金と賃金以外の給料などに大きく分けられます。賃金以外は、間接労務費です。

次に、製造の現場で働く人は、製品などの製造に直接あたる「**直接工**」と、それ以外の間接的な作業にあたる「**間接工**」に分けられます。間接工の賃金は、間接労務費です。

残るは直接工の賃金ですが、直接工といえども勤務時間中ずっと、製品の製造にあたっているわけではありません。

そこで、休憩時間の分は「**休業賃金**」として、自分の責任でなく手待ち時間となった分は「**手待賃金**」として、間接的な作業にあたっていた時間は「**間接作業賃金**」として分けると、それらはみな間接労務費になります。

残った作業時間が直接作業時間で、これに前項で見た賃率を掛けると、直接賃金が計算できるしくみです。

直接賃金も計算する「要支払額」とは

ただし直接賃金も、必要なら「**要支払額**」で計算することになっています。要支払額とは、原価計算期間の分の賃金のことです。

賃金は通常、20日締め・25日払いなどの月給で支払われます。しかし、原価計算期間は暦の1日から末日までですから、21日から末日までの賃金は、右図下のように未払いとなってしまうでしょう。

これを調整するために、前月の未払いを除き、当月の未払いを加えたのが要支払額です。間接工賃金、給料、賞与手当などは、この要支払額で計算するのが原則になっています。

労務費の分類と計算は

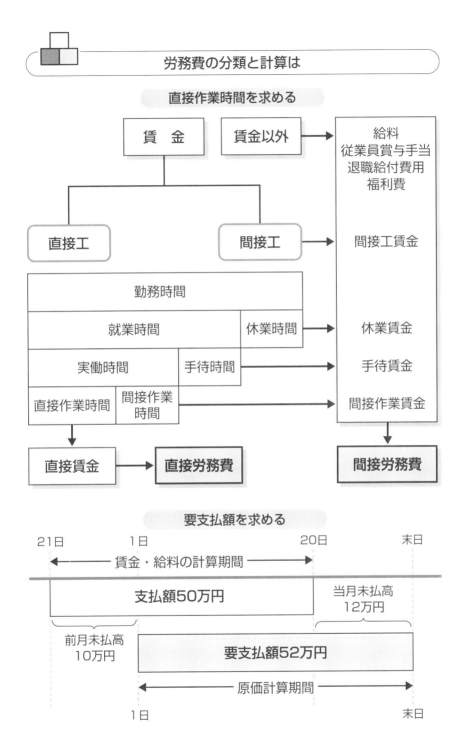

直接作業時間を求める

| 賃　金 | 賃金以外 | → | 給料
従業員賞与手当
退職給付費用
福利費 |

| 直接工 | | 間接工 | → | 間接工賃金 |

| 勤務時間 |
就業時間	休業時間	→	休業賃金
実働時間	手待時間	→	手待賃金
直接作業時間	間接作業時間	→	間接作業賃金

直接賃金 → **直接労務費**

間接労務費

要支払額を求める

| 21日 | 1日 | 20日 | 末日 |

← 賃金・給料の計算期間 →

支払額50万円 ／ 当月未払高 12万円

前月未払高 10万円

要支払額52万円

← 原価計算期間 →

1日　　　　　末日

経費は実際の発生額を計算する

📱 経費は材料費、労務費以外の原価

　第3の原価要素、経費は「材料費、労務費以外の原価要素」とされています。右の図上のようなものが経費になりますが、「材料費、労務費以外」なので、体系的なまとまりはありません。直接経費は「外注加工費」だけで、他は間接経費になります（☞57ページ）。

　経費は、実際の発生額を計算するのが原則です。実際の発生額を計算するので、とくにややこしい決まりや、計算方法は定められていません。

　原価計算基準でも、実際の発生額で計算すること（①）以外にあげているのは、以下の2点だけです。
②減価償却費、不動産賃借料など、数か月分を一度に計算・支払う経費は月割計算をすること
③電力料、ガス代、水道料など、消費量をメーターなどで測れる経費は、実際消費量にもとづいて計算すること

📱 経費の分類のしかたは

　原価計算基準の分類ではありませんが、経費を計算方法に応じて、4つに分けて考えることが一般的に行なわれています。右の図下の経費の分類②にあげた4つが、その分類です。

　「**支払経費**」は、実際に支払った額を発生額として計算します。

　「**月割経費**」と「**測定経費**」は、原価計算基準の上記②と③にあたるものです。

　最後の「**発生経費**」は、実際の支払いをともなわない、計算上で発生する経費で、たな卸減耗費が代表的です（☞48ページ）。

経費の分類と計算は

経費の分類①

直接経費

外注加工費

間接経費

福利施設負担額、厚生費、減価償却費、賃借料、保険料、修繕料、電力料、ガス代、水道料、租税公課、旅費交通費、通信費、保管料、たな卸減耗費、雑費

経費の分類②

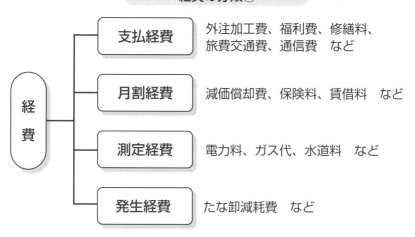

	支払経費	外注加工費、福利費、修繕料、旅費交通費、通信費　など
経費	月割経費	減価償却費、保険料、賃借料　など
	測定経費	電力料、ガス代、水道料　など
	発生経費	たな卸減耗費　など

Check!　　日常の会話で使う「経費」

　「経費」という用語は、日常の会話でもときどき使われます。「経費で落とす」とか「経費削減」といった具合です。もちろん、原価計算基準のような厳密な定義はないのですが、一般的には原価計算基準でいう経費、プラス販売費および一般管理費を経費と呼んでいることが多いようです（☞次ページ）。

73

知っトク！
COLUMN

原価計算の「経費」と
日常会話でいう「経費」

　原価の3要素で、「経費」という用語を初めて聞いた人のなかには、ビジネスの日常会話でいう「経費」を思い浮かべた人も多いのではないでしょうか。

　"経費になる（ならない）"、"経費で落とす（落ちない）"などという、あの経費のことです。

　こちらの経費はもちろん、原価計算の用語ではありません。また、財務会計でも使わない用語です。強いていえば、税務会計でしょうか。所得税の青色申告書の損益計算書には、売上原価に続いて「経費」という分類があります。

　それはともかくとして、原価計算の経費には「材料費、労務費以外」という定義があるのに対して、日常会話でいうほうの経費には明確な定義はありません。

　会話などを聞いていると、一般的には販売費および一般管理費と、製造原価の経費などをさしているようです。つまり、接待交際費や水道光熱費、消耗品費などのことになります。

　ですから、会社で「経費節減」というスローガンを掲げたら、それはこれらの経費を節約して減らすことです。

　一方、コストダウンのほうの「原価低減」を掲げた場合は、仕入原価や製造原価を低く下げて、減らそうと、いっていることになります。

5章

部門別に配賦して
集計しよう

費目別計算に続く第2ステップは「部門別計算」
です。費目別に分類・集計した原価を、部門別
に分類・集計します。なぜ、部門別に集計し直
すのかといえば…。

なぜ部門別に分けて計算するのか

製造間接費を分類して適切に割り振る

原価計算は、費目別計算・部門別計算・製品別計算の3ステップで計算します。部門別計算は、その第2ステップです。

それにしても、いったん費目別に分類・集計した原価を、次に部門別に分類・集計するのは、なぜなのでしょうか。

右の図を見てください。費目別計算の段階で、原価の3要素は3つの直接費と、3つの間接費に分類・集計されています。

このうち、3つの直接費——直接材料費・直接労務費・直接経費は、どの製品の原価とわかっているので、そのまま製品別計算に進むことが可能です。

一方、3つの間接費は、まとめて「**製造間接費**」といいます。製造間接費は、直接材料費・直接労務費・直接経費以外の全部ですから、けっこう大きな割合を占めるものです。

製造間接費は、どの製品の原価とわからないので、何らかの基準で最終的には、製品に割り振るしかありません。しかし、製造間接費として全部をまとめて、ひとつの基準で一気に、製品に割り振るのはムリがあります。

製造間接費を部門別に分類すれば、製品の製造プロセスにそって分類することになり、その分に合った基準で分類するなど、より適切に割り振ることが可能です。ひいては、より正確な原価の計算が可能になるわけです。

原価管理も行ないやすくなる

部門別計算を行なうのには、もうひとつ、原価管理上の目的もあ

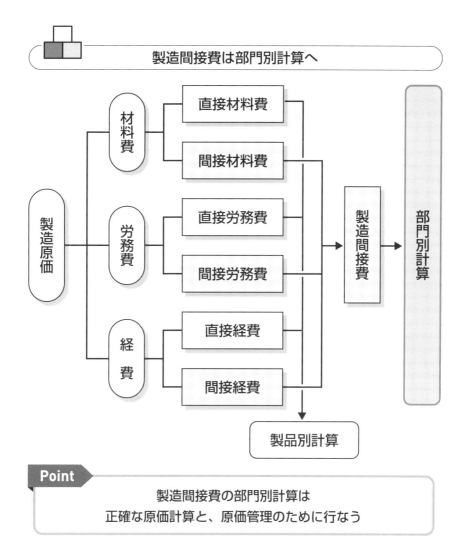

製造間接費は部門別計算へ

5
章

部門別に配賦して集計しよう

Point

製造間接費の部門別計算は
正確な原価計算と、原価管理のために行なう

ります。

　製造間接費として、ひとまとめにしてあると、大きな差異が出た
場合などにも、原因の追求はむずかしいでしょう。

　部門別に分類・集計してあれば、少なくともどの部門に差異など
の原因があるかわかるし、さらに、その部門のどの製品に問題があ
るのか、追求することも容易になります。

　以上のような2つの目的で、部門別計算が行なわれるのです。

30 原価部門の設定とは

部署とは別に原価計算上の区分をする

🖩 製造部門は製品の製造を行なう部門

　そもそも部門別の「部門」とは何なのでしょうか。○○部、△△課といった、工場の部署が思い浮かびますが、必ずしも会社の組織と同じである必要はありません。

　原価計算のために、実際にはない部門を設定してもよいのです。これを「**原価部門の設定**」といいます。

　原価部門の設定はまず、大きく「**製造部門**」と「**補助部門**」に分けます。そして、それぞれの特徴に応じて、さらに区分して設定するわけです。

　製造部門は、直接、製造の作業を行なう部門です。製品の種類や製造の過程、作業の種類などによって、さらに区分されます。たとえば、機械加工の部門、組立ての部門といった区分などが考えられるでしょう。

　必要なら、機械設備の種類や作業の区分などで、さらに小工程や作業区分に細分することもできます。

　なお、ここでいう「**工程**」は、部門とほぼ同じ意味です。この後、原価計算では工程という用語がよく出てくるので、ここで覚えておきましょう。

🖩 補助経営部門と工場管理部門がある

　もうひとつの補助部門は、製造部門を補助する役割の部門です。「**補助経営部門**」と「**工場管理部門**」に分けられ、役割などにしたがってさらに区分されます。

　補助経営部門は、製品の製造に直接、関わらないで、製造部門に

78

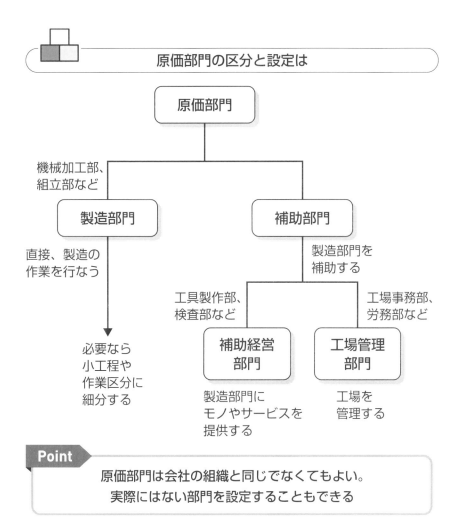

原価部門の区分と設定は

原価部門

機械加工部、
組立部など

製造部門

直接、製造の
作業を行なう

↓

必要なら
小工程や
作業区分に
細分する

補助部門

製造部門を
補助する

工具製作部、
検査部など

工場事務部、
労務部など

補助経営
部門

工場管理
部門

製造部門に
モノやサービスを
提供する

工場を
管理する

Point

原価部門は会社の組織と同じでなくてもよい。
実際にはない部門を設定することもできる

モノやサービスを提供する部門です。

　たとえば、モノを提供する工具製作の部門、サービスを提供する検査の部門などがあります。ただし、補助経営部門の規模が大きくなった場合は、独立した製造部門として計算する決まりです。

　補助経営部門と並ぶ、もう一方の工場管理部門は、その名称のとおり工場を管理する役割を持つ部門のことをいいます。たとえば、労務（人事）の部門、企画の部門、試験研究の部門、工場事務の部門などを考えると、わかりやすいでしょう。

第1次と第2次の集計をする

📇 第1次集計は部門共通費の配賦

部門別計算では、前項で見た原価部門のうちの製造部門に、最終的に原価を集計し、次の製品別計算に渡します。

そこで、補助部門で発生した原価（**補助部門費**）を、製造部門に割り振る（配賦☞次項）必要がありますが、実はその前にもうひとつ、手順が必要です。

それは、補助部門費にも、製造部門で発生した原価（**製造部門費**）にも、どの補助部門・製造部門で発生したのか、わからない原価（**部門共通費**）と、どの部門で発生したとわかる原価（**部門個別費**）があるのです。

どの部門で発生したとわかる部門個別費は、そのまま補助部門・製造部門に割り当てて、補助部門費・製造部門費とすることができます。しかし、部門共通費のほうは、何らかの基準で補助部門・製造部門に配賦しなければなりません。

そこで部門別計算では、まず部門共通費を補助部門と製造部門に配賦する手続きを行ないます。これが「**部門別計算の第1次集計**」とか「**第1次配賦**」と呼ばれるものです（☞次項）。

📇 第2次集計で補助部門費を配賦する

部門共通費が補助部門費と製造部門費に配賦されると、補助部門費を製造部門費に配賦することができます。これが「**部門別計算の第2次集計**」（第2次配賦）です。

第2次集計では、直接配賦法・階梯式配賦法・相互配賦法といった、配賦の方法が用いられます（☞88ページ）。

以上のような、部門別計算の少しややこしい手順をまとめてみた

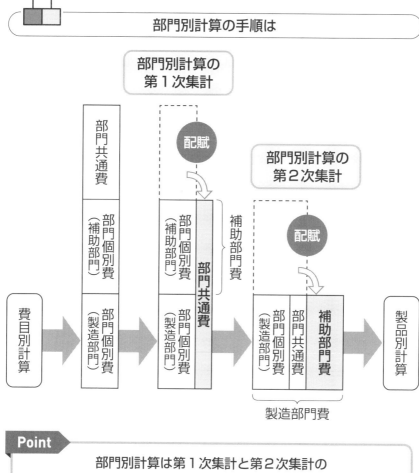

部門別計算の手順は

部門別計算の
第1次集計

配賦

部門別計算の
第2次集計

配賦

費目別計算 → 部門共通費 / 部門個別費（補助部門）/ 部門個別費（製造部門） → 部門個別費（補助部門）/ 部門個別費（製造部門）/ 部門共通費 → 部門個別費（製造部門）/ 部門共通費 / 補助部門費 → 製品別計算

補助部門費

製造部門費

Point

部門別計算は第1次集計と第2次集計の
2段階に分けて集計する

のが、上の図です。

　最初は部門共通費と、補助部門の部門個別費・製造部門の部門個別費に分かれていたのが、部門共通費の配賦によって、補助部門と製造部門の部門個別費に集計されます（第1次集計）。

　そして、補助部門費の配賦によって、製造部門費に集計されることがわかるでしょう（第2次集計）。このようにして、部門別計算が行なわれます。

32 部門個別費と部門共通費

部門個別費は賦課、部門共通費は配賦

賦課する部門個別費、配賦する部門共通費

原価を部門別に分類・集計する手順では、前項で見たとおり、まず「部門個別費」と「部門共通費」の分類を行ないます。

部門個別費とは、どの部門で発生したと直接わかる原価です。しかし、原価のなかにはどの部門で発生したと直接わからない原価があるので、こちらは部門共通費に分類します。

部門個別費は、どの部門で発生したとわかるので、直接、部門に割り当てることが可能です。これを「**賦課（ふか）**」といいます。

しかし、**部門共通費**はどの部門で発生したか、わからないので、何らかの基準で割り振らなければなりません。

この割振りを「**配賦（はいふ）**」といい、基準とするものが「**配賦基準**」です。部門共通費は、部門共通費を配賦するのに適当な何らかの配賦基準によって、配賦するとされています。

以上が、一般に「部門別計算の第1次集計」と呼ばれる段階です。

配賦はこの後も、補助部門費の配賦（☞88ページ）などで必要になります。

適当な配賦基準がないときは

なお、部門共通費でも、工場の全体に関して発生し、適当な配賦基準が見つからない場合があります。たとえば、工場長の給料が発生しているケースなどです。

工場長の給料は、すべての部門に関して発生していると考えられますが、どの部門にどれだけ配賦するか、適当な基準は見つけにくいでしょう。

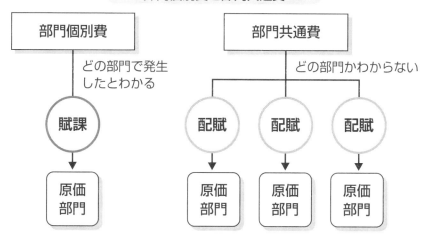

このような場合、いい加減な配賦基準を無理やりあてはめて、配賦するのはよくありません。そこで、そうした、全体に関連して、適当な配賦基準がないものを集めて、「**一般費**」などとすることができます。

一般費を、1つの補助部門費のように見立てて、部門別計算を行なうわけです。

33 配賦率による配賦の計算

実際の配賦には「予定配賦率」も

実際の計算では配賦率を用いる

「配賦」の考え方は比較的、簡単なものです。

たとえば、同じ機械でA製品とB製品をつくっているとして、A製品は60％の時間、B製品は40％の時間、機械を使っているとします。配賦基準が機械使用時間だとすると、60％をA製品に、40％をB製品に配賦するというだけです。

実際の配賦の計算には「配賦率」というものを使います。配賦の計算は、製品に製造間接費を配賦するときにも用いるので（☞90ページ）、ここでは製造間接費の配賦を例に、計算のしかたを見てみると右の図のようになります。

配賦する額は、その製品の配賦基準の数値に、配賦率を掛けたものです。"率"という名前ですが、実は金額をあらわしています。右の図中の式のように、間接費の額を配賦基準の数値の合計で割るので、金額になるわけです。

配賦基準の数値に、その金額を掛けると配賦額が求められます。

一般に使われる予定配賦とは

実際の配賦の計算で、一般によく使われているのが「予定配賦」の方法です。

実際に発生した製造間接費の額と、配賦基準の数値で計算するのは「実際配賦」ですが、実際配賦では製造間接費の金額が、翌月までわからないというデメリットがあります。

また、製造間接費のなかには固定費があるので、工場の操業度によって配賦率が変動するのもデメリットです（☞8章）。

配賦率を使った配賦額の計算のしかた

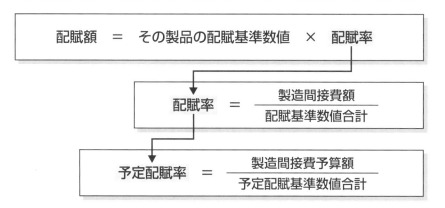

配賦額　＝　その製品の配賦基準数値　×　配賦率

$$配賦率 ＝ \frac{製造間接費額}{配賦基準数値合計}$$

$$予定配賦率 ＝ \frac{製造間接費予算額}{予定配賦基準数値合計}$$

- 1か月の電気代（製造間接費）予算額　10万円
- 配賦基準　機械使用時間
  （予定配賦基準数値合計　1,000時間）
- 実際配賦基準数値　A製品600時間、B製品400時間
  （実際配賦基準数値合計　1,000時間）

$$予定配賦率 ＝ \frac{電気代予算額　10万円}{予定配賦基準数値合計　1,000時間}$$

　　　　　　＝　100円

予定配賦額　＝　実際配賦基準数値600時間

　　　　　　　　　　　　　　　×予定配賦率100円

　　　　　　＝　60,000円

そのため、実際には予定配賦が望ましいとされているのです。

予定配賦では、予定配賦率から予定配賦額を計算します。予定配賦率は、製造間接費の予算と、配賦基準数値合計の予定から計算したものです。

ただし、予定配賦額の計算に使う配賦基準の数値は、実際のものを使います。

上の図下に簡略化した例をあげましたが、配賦基準数値の60％を使用しているA製品が、60％の配賦を受けることがわかります。

5
章

部門別に配賦して集計しよう

34

集計する原価の範囲は

製造間接費だけでない場合がある

製造間接費と直接労務費を集計する例

原価計算の第2ステップ、部門別計算の話に戻りましょう。

部門別計算では、製造間接費を部門別に集計するのでした。しかし、どのような場合でも必ず、製造間接費だけを集計しなければならないのでしょうか。

再び原価計算基準を開いて見ると、必ずしも製造間接費だけを集計しなくてよい例が3つあげられています。

第1の例は、個別原価計算で製造間接費だけでなく、直接労務費を集計することがあるという例です。

個別原価計算は、後で説明しますが、受注生産向きの原価計算です（☞110ページ）。その個別原価計算で、部門別計算をする際に直接労務費を、製造部門に集計することがあるとされています。これは、部門別計算の目的に関係するものです。

部門別計算の目的のひとつに、原価管理がありました（☞76ページ）。原価管理の面からすれば、製造間接費だけでなく、直接労務費も部門別に集計したほうが、部門や、部門の管理者としての責任が明らかになるというわけです。

このように、管理上の責任と会計のしくみを結びつけて、部門や管理者の実績を明確にする制度を「**責任会計**」といいます。

加工費の集計や変動費・固定費の分類も

受注生産向きの個別原価計算に対して、大量生産向きの原価計算は「**総合原価計算**」です（☞96ページ）。第2の例では総合原価計算で、すべての原価、または加工費を、製造部門に集計することが

製造間接費以外も集計する場合

例 1
個別原価計算で　| 直接労務費 |　も集計する

例 2
総合原価計算で
も集計する　| すべての原価 |　または　| 加工費 |

例 3
必要がある場合に　| 変動費と固定費 |　にも分類する

> **Point**
> 部門別計算では原価管理のために
> 製造間接費以外も集計する場合がある

あるとされています。

　加工費といえば、直接労務費と製造間接費の合計、または直接材料費以外の合計のことです（☞53ページ）。総合原価計算の部門別計算でも、原価管理のために、直接費や直接労務費を集計することをさしています。

　第3の例は、必要がある場合に、直接費と間接費の分類だけでなく、変動費と固定費（☞54ページ）、または管理可能費と管理不能費（☞58ページ）に分類することがあるというものです。

　これは、第2次集計で補助部門費を製造部門費に集計するときに、変動費と固定費を区別して、違う配賦基準で配賦する方法があることをさしています。

　この方法を「**複数基準配賦法**」といい、通常の配賦法の欠点を解消できる、理論的に最も望ましいとされている方法です。

MEMO **複数基準配賦法**：変動費と固定費を区別しない方法は「単一基準配賦法」。予定配賦による単一基準配賦法では、補助部門で管理不能な操業度差異が生じるとされる（☞92ページ）。

補助部門同士で３つの配賦法がある

補助部門同士をどう配賦するか

部門別計算の第２次集計は、補助部門費の製造部門への配賦です。補助部門費はすべて配賦して、製造部門に原価を集計しなければなりません。

しかし、これにはひとつ問題があります。それは、補助部門同士もサービスを提供し合っているということです。たとえば労務の部門は、製造部門の人事だけでなく、補助部門の人事も扱っているはずでしょう。

このような、補助部門同士のサービスの提供をどう配賦するかで、３つの配賦法があります。

それぞれメリット・デメリットがある

第１の「**直接配賦法**」は、補助部門同士の配賦をすべて無視します。なかったことにするので、計算は簡単になりますが、原価計算としての正確さには欠ける配賦法です。

第２の「**階梯式配賦法**」では、補助部門に順位をつけます。そして、順位の高い補助部門から低い補助部門に、階段（階梯）状に配賦するわけです。

やや正確にはなりますが、順位の低い補助部門では配賦することなく、一方的に配賦を受けるだけになります。

第３の「**相互配賦法**」は、補助部門同士も相互に配賦する計算を行なう配賦法です。

最も正確な配賦ができますが、計算は面倒になります。

補助部門同士の配賦をどう行なうか

直接配賦法

補助部門費

製造部門

補助部門
同士の
配賦は無視

階梯式配賦法

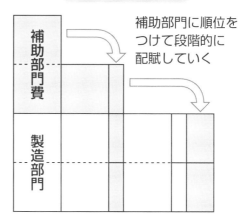

補助部門費

製造部門

補助部門に順位を
つけて段階的に
配賦していく

相互配賦法

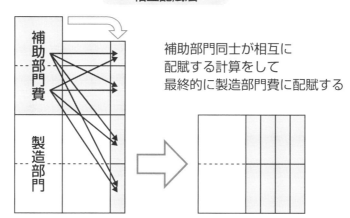

補助部門費

製造部門

補助部門同士が相互に
配賦する計算をして
最終的に製造部門費に配賦する

Check!　「直接に」製品に配賦できる？

　原価計算基準では、一部の補助部門費は製造部門に配賦しないで、「直接に製品に配賦」できるとしています。たとえば、特定の製品の設計費などが補助部門費にあった場合、適切な配賦基準は見つからないし、特定の製品の原価であることは明白です。このような場合は、直接、製品に配賦したほうが、正確な原価計算になるということでしょう。

36 製造部門費を配賦するには

配賦基準により製品別に配賦する

配賦は部門別配賦と製品別配賦に分ける

配賦は一般に、「部門別配賦」と「製品別配賦」に分けられます。前項で見たように、補助部門に集計された製造間接費を、製造部門に配賦するのが「部門別配賦」です。

一方、「製品別配賦」は、製造部門に集計された原価を、製品に配賦します。といっても、配賦の手順や計算方法は部門別配賦と同じです。配賦基準を定め、配賦率を計算して配賦します。

配付基準は金額法と時間法の２つ

配賦率を使った配賦の計算についてはすでに見たので（☞84ページ）、ここでは配賦基準について見ておきましょう。

配賦基準は、大きく２つに分けることができます。「金額法」と「時間法」の２つです。

金額法は、「価額法」ともいいますが、原価計算上の金額を配賦基準にします。たとえば、直接材料費の金額を用いる「直接材料費法」、直接労務費の金額を用いる「直接労務費法」などです。

右の図にあげた「素価（そか）法」の素価とは、直接材料費・直接労務費・直接経費の合計のことをいいます。要するに、直接費の合計が素価で、これを配賦基準として用いるのが素価法です（「直接費法」ともいう）。

図を見て気づいた方もいるでしょうが、金額法で用いる金額は、すべて直接費の金額になっています。

次に「時間法」は、原価計算のなかで計算される、時間を配賦基準とするものです。たとえば「直接作業時間法」は、直接賃金を求

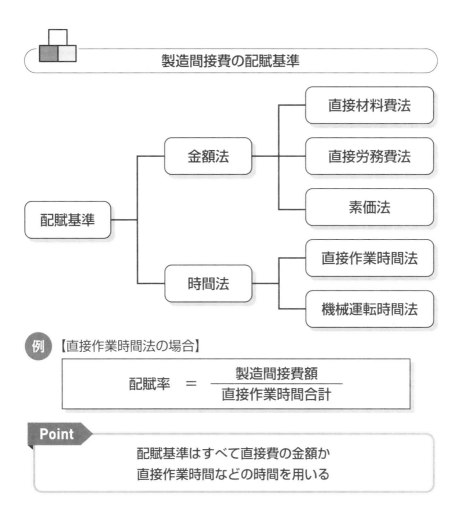

製造間接費の配賦基準

配賦基準 ─ 金額法 ─ 直接材料費法

直接労務費法

素価法

時間法 ─ 直接作業時間法

機械運転時間法

例 【直接作業時間法の場合】

$$配賦率 = \frac{製造間接費額}{直接作業時間合計}$$

Point

配賦基準はすべて直接費の金額か
直接作業時間などの時間を用いる

める際に計算する直接作業時間を配賦基準にします（☞70ページ）。これは、製造工程の大きな部分が直接作業になる場合に、適切な配賦基準です。

また、工程の大きな部分が機械作業の場合は、機械運転時間が適切な配賦基準になります。

配賦率などの計算は、部門別配賦の場合と同様です。たとえば、直接作業時間法なら、製造間接費の総額を直接作業時間の合計で割ったものが配賦率の金額になります。

複数基準配賦法と単一基準配賦法

　87ページでふれた複数基準配賦法と、単一基準配賦法について補足しておきましょう。

　補助部門費を配賦する際に（☞88ページ）、補助部門費には変動費と固定費の両方が含まれています。変動費と固定費では、原価が発生する形が違いますから、理論的には、別々の配賦基準を用いるのが適切です。

　そこで、補助部門費の配賦にあたっては、「単一基準配賦法」と「複数基準配賦法」の2つの方法があります。

　単一基準配賦法は、変動費と固定費の違いは無視して、補助部門のサービスの消費量という、単一の配賦基準で配賦する方法です。

　一方、複数基準配賦法では、変動費と固定費を区別して配賦基準を変えます。

　変動費の配賦基準は、補助部門のサービスの消費量のままとしますが、固定費の基準は操業度100％のときのサービス消費量です。

　なぜかというと、固定費はたとえば人件費などですが、なぜそれだけの人員を配置しているかといえば、操業度100％のときにそれだけ必要になるからでしょう。

　ですから、固定費の配賦基準は操業度100％のときの消費量、いいかえればサービスの最大消費能力とするのです。

　この複数基準配賦法が、理論的に適切な補助部門費の配賦法だといわれています。

6章

製品別の原価を
計算しよう

部門別計算までは、どのような原価計算にも共
通でした。第3ステップの「製品別計算」では、
製品に応じて種類があります。どんな種類があ
るのか、順に見ていきましょう。

4種類の製品別計算とは

生産の形態により製品別計算は違う

製品別の原価は一定の単位に集計する

製品別計算の種類の話に入る前に、製品別計算のゴールについて知っておきましょう。

前にも少しふれましたが（☞38ページ）、製品別計算では合計○○円ではなく、製品1個あたりとか10個あたりとか、一定の単位を決めて、その製造原価を計算します。

これが「**原価単位**」です。原価単位は通常1個ですが、10個や1ダースなどとすることもあります。製品によっては、1キログラムなどと、重量であらわすことも可能です。

少しややこしい話ですが、原価単位あたりに集計した原価の金額は「**単位原価**」といいます。つまり、原価単位は○個や○キログラムですが、単位原価は○円になるわけです。

生産の形態による種類とは

そこで、製品別計算の種類ですが、主なものは右の図の4つです。これまでの費目別計算と部門別計算は、どの原価計算でも同じ、共通の集計・計算のしかたをしますが、製品別計算はこのような種類によって、計算の方法も変わります。

その理由は、次項から順に説明していきますが、4つの製品別計算は、それぞれ製品の生産形態が違うからです。

まず、「**総合原価計算**」と付くものと、「**個別原価計算**」があることに気づきます。これは、一般的な大量生産と、受注生産という生産形態の違いによるものです（☞96ページ）。

次に、総合原価計算と付くものにも、「**単純総合原価計算**」「**等級別総合原価計算**」「**組別総合原価計算**」の3種類があることがわか

生産の形態に応じた4種類の製品別計算

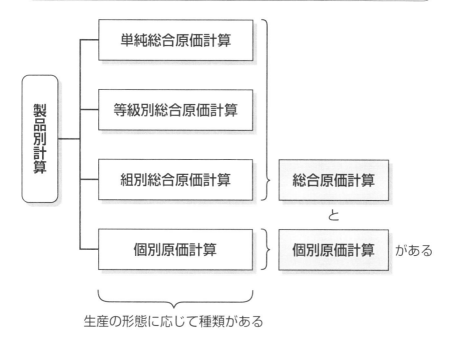

生産の形態に応じて種類がある

ります。

　これは、同じ大量生産でも、まったく同じ製品だけをつくる場合、同じ製品でも大きさなどが違う製品をつくる場合、2種類以上の製品をつくる場合と、生産の形態が違うことがあるからです。それぞれの生産の形態に応じて、違う製品別計算になります（☞98ページ）。

　なお、以上のほかに、製造工程に応じて違う総合原価計算があります（☞106ページ）。

Check!　　　だんだん計算が面倒になる？

　4つの製品別計算は、それぞれ計算の方法が違い、一般論としていうと図の上→下の順に、より正確な計算方法になります。もっとも、より正確な計算を行なうわけですから、集計の手間も増えてその分、計算も面倒になるのは当然です。

大量生産用と受注生産用の違い

📱 個別原価計算は原価を製品ごとに集計できる

まず、総合原価計算と個別原価計算の違いを見てみましょう。どちらにも"原価計算"という名前が付いていますが、いうまでもなく、原価計算そのものの種類ではなく、製品別計算の種類です。

総合原価計算と個別原価計算の最大の違いは、原価の集計のしかたにあります。総合原価計算は、前にもふれたとおり期間——原価計算期間の原価を集計するものです（☞38ページ）。それに対して、個別原価計算は製品ごとに集計します。

なぜかというと、個別原価計算は受注生産用の製品別計算だからです。受注生産では、まず受注してから製品の生産が始まり、完成したら引き渡してひとつの受注が完了します。

つまり、製品の完成という区切りがあるわけです。それまでにすべての原価が発生しているので、製品が完成した時点で、製品ごとに集計することができます。

📱 総合原価計算では原価計算期間を設けて集計する

一方、総合原価計算は大量生産用の製品別計算です。大量生産では常時、製品の生産が続けられます。製品は次々に完成しますが、同時に次の同じ製品の生産が始まっているので、区切りというものがありません。

そこで、原価計算期間という区切りをむりやり設けて、その期間の原価を集計するわけです。もっとも、むりやり区切るため、生産途中の製品がラインに残り、仕掛品の加工進捗度（☞103ページ）という問題が発生します。

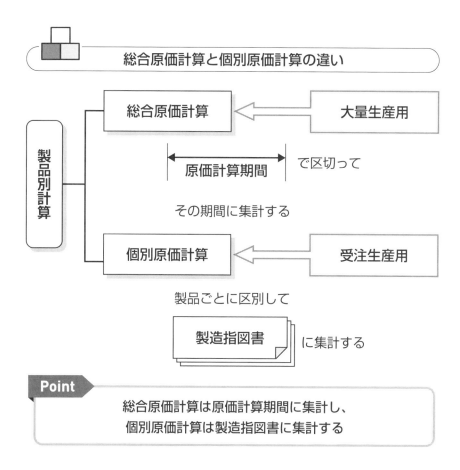

受注生産では、仕掛品の問題は発生しませんが、同時に複数の製品を受注して、同時並行で生産が進むのが普通です。そこで、製品を区別するために「**特定製造指図書**」というものを発行して、その番号ごとに原価を集計します（☞110ページ）。

つまり、正確にいえば、総合原価計算は原価を原価計算期間に集計するのに対して、個別原価計算は特定製造指図書（の番号）に集計するのです。大量生産でも製造指図書は使用しますが、そのような役割はありません。

特定製造指図書への集計は、直接費はそのまま賦課できますが、間接費は部門間接費として、各指図書に配賦します。ですから、個別原価計算では、直接費と間接費の分類が重要です。

39 ▶ 総合原価計算の種類は

等級がある場合、製品が複数の場合

📇 同じ製品だけをつくる場合の「単純総合原価計算」

次に総合原価計算の3種類を見てみます。

単純総合原価計算は、「同種製品を反復連続的に生産する」形態に用いるとされる製品別計算です。

最も基本的な計算方法で、すべての原価を集計し、仕掛品の問題を解決したうえで「完成品総合原価」を計算して、製品の数で割って単位原価を算出します（☞次項）。

📇 形状等が違う製品をつくる場合の「等級別総合原価計算」

等級とは「形状、大きさ、品位等」によって区別するものとされ、同じ種類の製品でも形や大きさ、品質などが違う製品をつくる場合に用いるのが「**等級別総合原価計算**」です。

等級別総合原価計算では、製品ごとに「**等価係数**」というものを定め、それで完成品総合原価などを按分して製品原価を計算します。

さらに、何で何を按分するかによって3つの計算方法があり、右の図にあげた「**完成品原価按分法**」「**当期製造費用按分法**」「**総合原価按分法**」と呼ばれるものがそれです（「当期製造費用」については☞次項）。

「**総括等価係数**」とは、原価要素などの「重要性を加味して総括」した等価係数とされています。

📇 2種類以上の製品をつくる場合の「組別総合原価計算」

組別総合原価計算は、「異種製品を組別に連続生産する」形態とされています。要するに、2種類以上の製品をつくる場合の製品別計算です。

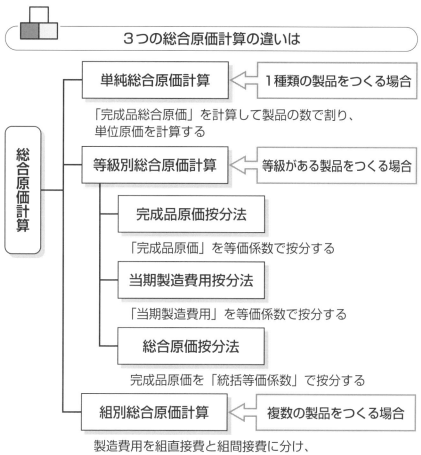

３つの総合原価計算の違いは

単純総合原価計算 ← 1種類の製品をつくる場合

「完成品総合原価」を計算して製品の数で割り、
単位原価を計算する

等級別総合原価計算 ← 等級がある製品をつくる場合

完成品原価按分法

「完成品原価」を等価係数で按分する

当期製造費用按分法

「当期製造費用」を等価係数で按分する

総合原価按分法

完成品原価を「統括等価係数」で按分する

組別総合原価計算 ← 複数の製品をつくる場合

製造費用を組直接費と組間接費に分け、
組直接費は賦課、組間接費は配賦する

総別とは、製品の種類別ということで、たとえば自動車などが同じ生産ラインで、複数の車種をつくっている場合などをさします。

組別総合原価計算の特徴は、製造費用を「**組直接費**」と「**組間接費**」（または原料費と加工費☞102ページ）に分け、組直接費は製品に賦課し、組間接費は各組に配賦する点です。

この点については、個別原価計算に近いといえるでしょう（☞前項）。個別原価計算に近い分、より正確な計算が期待できますが、製品別計算の段階で直接費と間接費に分けるなど、集計と計算の手間は増えます。

40 当期製造費用と仕掛品原価

総合原価計算で単位原価を計算する

📱 期末の仕掛品原価をプラス・マイナスする

　前項の総合原価計算の種類の話は、どのようにして製品別の原価が計算されるのか、総合原価計算のしくみの話がないと、わかりにくかったかもしれません。そこで、単純総合原価計算を例に、最終的に単位原価が計算されるまでのしくみを見てみましょう。

　期間に集計する総合原価計算の場合、最大の問題は、実は期末に製造のラインに残っている生産途中の製品——**仕掛品**です。

　前期末（当期首）に残っていた仕掛品は、当期には完成品になります。しかも、原価計算の原則として、仕掛品であっても使った（消費した）分は原価になっていますから（☞14ページ）、当期首の**仕掛品原価**は、当期の製造費用に加えなければなりません。

　一方、当期末に残った仕掛品原価は、当期に完成品にならなかったわけですから、除いて来期の製造費用に加える必要があります。

📱 完成品総合原価を計算する

　以上をまとめたものが、右の図です。まず、当期中の原価をすべて集計して、「**当期製造費用**」とします。

　次に、前期末に仕掛品となっていた分を「**期首仕掛品原価**」として加えることが必要です。この期首仕掛品原価は、当期には完成品になって当期の原価となります。

　このとき、当期製造費用と期首仕掛品原価を、直接材料費と、それ以外の加工費に分けて計算することがありますが、その理由は次項でわかるでしょう。

　当期製造費用と期首仕掛品原価の合計が、「**総製造費用**」です。

単純総合原価計算のしくみは

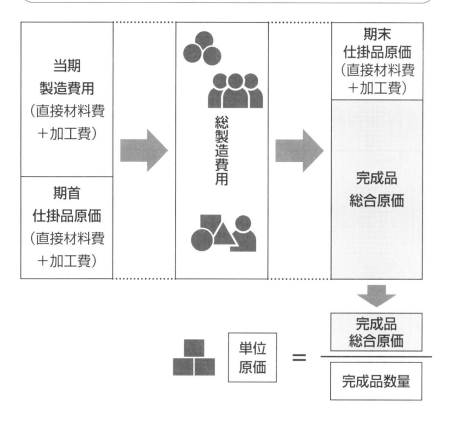

ただし、総製造費用には、当期末に仕掛品となる原価（期末仕掛品原価）が含まれています。これは、当期に完成品にならなかった分ですから、除かなければなりません。期末仕掛品原価は、来期の原価になります。

そこで、総製造費用から期末仕掛品原価を差し引くと、「**完成品総合原価**」となります。これが、当期に完成品となった製品の原価です。

この完成品総合原価を、当期に完成品となった製品の数――「完成品数量」で割ると、単位原価が計算できます。以上が、単純総合原価計算で単位原価を計算するまでのしくみです。

6章

製品別の原価を計算しよう

41 加工進捗度と完成品換算量

仕掛品原価を計算する

📟 直接材料費は初期の段階で消費される

総製造費用から差し引いて、完成品総合原価を計算するための期末仕掛品原価は、どのように計算すればよいでしょうか。通常の製品製造の工程を考えてみると、すべてをまとめて計算するのはムリがあります。

なぜなら、通常の工程では原料費（直接材料費）は、工程の初期の段階ですべて投入されるでしょう。仕掛品であっても、直接材料費はすべて使われて（消費されて）原価になっているわけです。

それに対して、直接材料費以外は、工程が進むにつれて、徐々に消費されて原価になります。仕掛品においては、直接材料費と同時に計算するのは無理です。

📟 直接材料費と加工費を分けて計算する

そこで、当期製造費用と期首仕掛品原価を、直接材料費と加工費に分けて計算するのです。加工費は、直接材料費以外の直接労務費・直接経費・製造間接費の合計をさします。

まず、直接材料費について考えてみると、工程の初期の段階ですべて消費されているわけですから、仕掛品であっても完成品と同じに扱うことが可能です。

つまり、直接材料費は単純に、仕掛品と完成品の数量に応じて、按分することができます。これで、期末仕掛品と完成品の直接材料費の計算が済むわけです。

一方、直接材料費以外の加工費は、工程が進むにつれて徐々に消費されていきます。ですから仕掛品の加工費は、どこまで工程が進んでいるか、仕上がり程度を測ることが必要です。

102

仕掛品原価の計算のしくみは

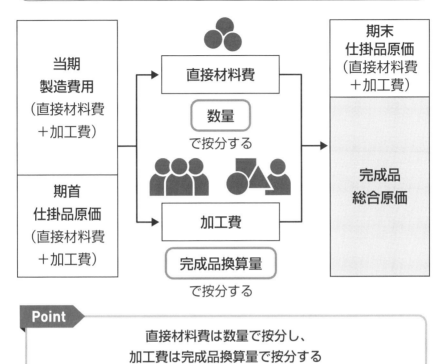

当期
製造費用
（直接材料費
＋加工費）

期首
仕掛品原価
（直接材料費
＋加工費）

直接材料費

数量
で按分する

加工費

完成品換算量
で按分する

期末
仕掛品原価
（直接材料費
＋加工費）

完成品
総合原価

Point

直接材料費は数量で按分し、
加工費は完成品換算量で按分する

　この仕上がり程度を「**加工進捗度**」と呼び、工程が進んだ程度を
パーセントであらわします。加工進捗度は、まったく生産工程に入
っていなければ0％ですが、完成していれば100％です。

　加工進捗度は、そのままでは計算がむずかしいので、「完成品換
算量」に置き換えます。つまり、仕掛品〇個で完成品△個という数
量に置き換えるわけです。

　たとえば、加工進捗度50％の仕掛品が10個あれば、完成品換算量
は5個になります。加工進捗度20％が5個なら、完成品換算量は1
個です。

　このように、完成品換算量に置き換えると、加工費も直接材料費
と同じく、数量で按分できることになります。

42 完成品総合原価の計算

こうして単位原価が計算できる

📊 期首仕掛品原価か、当期製造費用か

　前項では、直接材料費と加工費を分けることによって、どちらも数量で按分することが可能になり、完成品総合原価と当期の期末仕掛品原価に分けることに近づいたのでした。

　しかしここで、もうひとつの問題に直面します。というのは、総製造費用は、期首仕掛品原価と当期製造費用の合計ですから、両方の分が入っています。

　では、期末仕掛品原価になるのは、期首仕掛品原価の分でしょうか、当期製造費用の分でしょうか。また、どちらの分がどれだけ、完成品総合原価になるのでしょうか。

　ここで、材料の消費価格の計算を思い出してみましょう（☞64ページ）。先に仕入れた材料と、後から仕入れた材料のどちらを先に使ったと計算するかで、消費価格が変わってしまいました。同じことが、期末仕掛品原価と完成品総合原価の計算でも起こるわけです。

📊 完成品総合原価を決める３つの方法

　そこで、計算の方法が３つ定められています。材料の消費価格の計算で使われていたうちの、「平均法」「先入先出法」「後入先出法」の３つです（ただし、後入先出法は会計基準が変わったため、現在では実務に使用できません）。

　この場合、"先"は期首仕掛品原価と完成品総合原価で、当期製造費用と期末仕掛品原価は"後"になります。期首のほうが、当期（の期中）より先、期末のほうが、当期（の期中）より後になるからです。

　このようにして、期末仕掛品原価と完成品総合原価が決まり、完

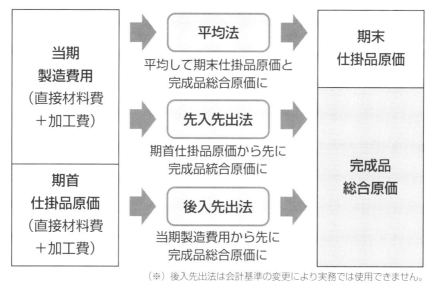

期末仕掛品原価と完成品総合原価

当期 製造費用 （直接材料費 ＋加工費）	➡	平均法 平均して期末仕掛品原価と 完成品総合原価に	➡	期末 仕掛品原価
	➡	先入先出法 期首仕掛品原価から先に 完成品統合原価に	➡	完成品 総合原価
期首 仕掛品原価 （直接材料費 ＋加工費）	➡	後入先出法 当期製造費用から先に 完成品総合原価に	➡	

（※）後入先出法は会計基準の変更により実務では使用できません。

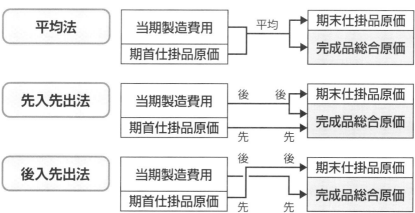

成品総合原価を完成品数量で割ると、単位原価が計算できます（☞
101ページ）。期末仕掛品原価のほうは、来期の期首仕掛品原価とな
り、来期の完成品総合原価の計算に入るわけです。

　単純総合原価計算の場合は、以上のような計算をへて、単位原価
が計算されます。

43 工程別総合原価計算とは
....
製造工程ごとに原価を計算する

🧮 工程別総合原価計算とは

　総合原価計算（製品別計算）の手順をひととおり見てきましたが、実はあと2つ、総合原価計算という名前が付くものがあります。「**工程別総合原価計算**」と「**加工費工程別総合原価計算**」です。

　この2つが、他の総合原価計算と違う点は、工程ごとに原価を集計・計算する点です。集計・計算をする方法としては、これまで見てきた総合原価計算のどれかの方法を用います。

　ですから、製品別計算の種類（☞94ページ）としては扱われないのですが、総合原価計算という名前が付いています。

　工程別に集計・計算するのは、製造工程が2つ以上の連続する工程に分かれている場合、工程ごとに原価が計算できると便利だからです。より正確な原価計算をするためにも、さらに原価管理にも役立ちます。

🧮 加工費工程別総合原価計算とは

　「工程別総合原価計算」では、工程ごとにその工程の製品の総合原価を計算します。この工程ごとの総合原価を、次の工程に振り替える方法で行なうのが工程別総合原価計算です。

　次の工程では、振り替えられた原価を「**前工程費**」（または原料費）として製造原価に加算します。

　一方、この工程ごとの計算を、材料が最初の工程ですべて投入されたとして行なうのが「加工費工程別総合原価計算」です。

　仕掛品原価の計算で見たように（☞102ページ）、材料は最初の工程ですべて投入されることが多いものです。その場合、各工程では加工費だけを集計し、それに原料費を加算すれば総合原価が計算で

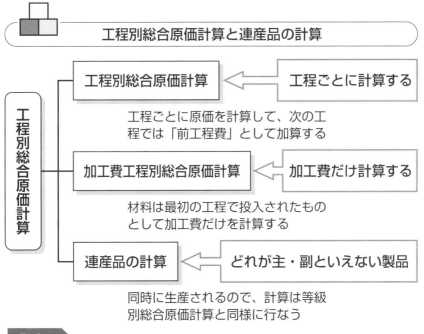

Point

工程別総合原価計算は製品別計算の種類ではなく
計算はどれかの総合原価計算の方法を用いる

きます。この方法が「加工費工程別総合原価計算」です（または「**加工費法**」ともいいます）。

連産品の計算とは

　もうひとつ、「**連産（れんさん）品**」と呼ばれるものがあります。よくあげられる例は、石油関連製品です。原油を精製すると、重油・軽油・灯油・ガソリンなどが同時に生産されますが、これらはどれが主で、どれが副とはいえません。

　このような製品を連産品といい、計算方法は等級別総合原価計算と同様に行ないます。等価係数（☞98ページ）の基準は、正常な市価です。加工して売却できる場合は、見積売却価額から加工費の見積額を引いた額を正常な市価とみなします。

製造原価にプラス・マイナスする

📱 仕損・減損は製造原価に加える

製品別計算は以上で終わりですが、まだ製造原価にプラス・マイナスしなければならないものが残っています。

ひとつは「**仕損**（しそんじ）」の問題です。製品の製造中に人為的なミスや機械の故障、材料の不良などで不良品が出てしまうことがあります。この不良品のことを「仕損品」などといい、不良品を出すことを「仕損」といいます（「しそん」と読むこともあります）。

仕損といっても、材料費や加工費はかかっているわけですから、原価は発生しているはずです。これを処理しなければなりません。

仕損の費用は、仕損費などの費目で処理することも考えられますが、原価計算ではとくに費目を設けず、製造原価に加えて完成品総合原価と期末仕掛品原価に含めるのが原則です。

また、不良品でなくても、材料が蒸発するなどして、結果的に原価が発生する（増える）ことがあります。これはとくに「**減損**」と呼びますが、減損の費用も仕損と同様に処理するのが原則です。

ただし、正常な範囲の仕損・減損ではなく、異常なものは非原価項目になります（☞24ページ）。

📱 副産物・作業くず・仕損品を売った分は差し引く

仕損・減損のソンとは逆に、トクが発生することもあります。つまり、製品（主産物）を製造する過程で生まれる「**副産物**」です。

副産物とは、「主産物の製造過程から必然に派生する」ものとされています。ですから、何かの理由で臨時に収入があっても、副産物としての処理は行ないません。

副産物を売ることができる場合は、その値段（価額）を見積もっ

仕損・減損や副産物の処理は

| 仕　損 | ← | 仕損費などは設けず製造原価に加える(原則) |

製品の製造過程で不良品が出ること
正常な範囲の仕損は原価になる

| 減　損 | ← | 減損の費用も製造原価に加える |

材料が蒸発するなどして発生する原価
正常な範囲の減損は原価になる

| 副産物 | ← | 価額を見積もって製造原価から差し引く |

主産物の製造過程で必然的にできるもの
作業くず、売却できる仕損品も同じ処理

Point
仕損・減損・副産物は製造原価にプラス・マイナスする。
ただし異常な範囲の仕損・減損は非原価項目

て、その分を製品（主産物）の製造原価から差し引きます。

　副産物の価額は、そのまま売る場合は、見積売却価額から販売費および一般管理費と、通常の利益の見積額を引いたものです。加工して売る場合は、加工費の見積額も引きます。

　また、副産物を自社で利用するとき（自家消費）は、それによって節約されるモノの購入価額の見積額が副産物の価額です。加工して利用するときは、加工費の見積額は差し引きます。

　製造の過程で出る「**作業くず**」や、仕損品が売却・自家消費できる場合も、副産物と同様に価額を見積もって、その分を主産物の製造原価から差し引きます。

45 ▶ 個別原価計算とは

製造指図書ごとに原価を集計する

📊 個別原価計算は受注生産用の製品別計算

　ここまで見てきたのは、総合原価計算の製品別計算ですが、個別原価計算についても見ておきましょう。

　個別原価計算は、前にもふれたように受注生産用の製品別計算で（☞96ページ）、「種類を異にする製品を個別的に生産する」場合の形態とされています。販売用の製品だけでなく、自社で使用するためのものの製作や修繕にも、個別原価計算の方法が利用可能です。

　たとえば、自社で使用する建物、機械、工具などの製作や修繕、また、試験研究や試作のための製作、さらに仕損品の補修や、補修ができない場合の代品交換のための製作などに利用できます。

📊 個別原価計算は生産が完了したときに計算する

　個別原価計算では、原価を特定製造指図書の「製造指図書番号」ごとに集計します。製品の原価は、直接費と間接費に分けて集計していき、製品の生産が完了した時点で計算します。

　総合原価計算と比べると、その特徴がはっきりするでしょう。総合原価計算では、原価を期間に集計します。ですから、計算は原価計算期間、通常は1か月が終了した時点になるわけです。

　個別原価計算では、期間は関係ありません。生産中は期間が長くても短くても、製品の原価を集計していき、その製品の生産が完了した時点が、計算を行なうときです。

📊 直接費は製造指図書に賦課する

　直接費は、原価が発生するつど（または、まとめて定期的に）、製造指図書ごとに分類して賦課します。直接材料費・直接労務費・

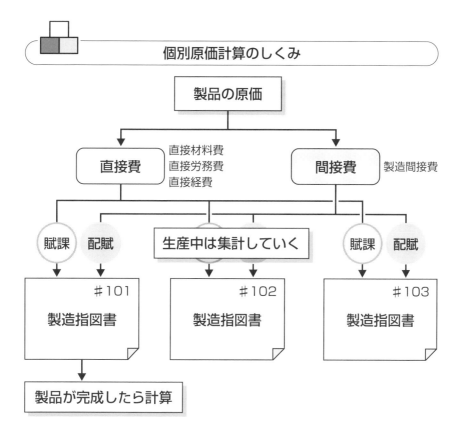

個別原価計算のしくみ

製品の原価

直接費 ── 直接材料費
　　　　　直接労務費
　　　　　直接経費

間接費 ── 製造間接費

賦課　配賦　　生産中は集計していく　　賦課　配賦

#101 製造指図書　　#102 製造指図書　　#103 製造指図書

製品が完成したら計算

直接経費の分類も必要です。

　直接材料費は、特定製造指図書に集計された実際消費量に、消費価格を掛けて計算します。消費価格の計算方法は、総合原価計算の場合と同じです（☞64ページ）。

　直接労務費は、特定製造指図書に集計された実際作業時間（または作業量）に、賃率を掛けて計算します。賃率の計算方法も、総合原価計算の場合と同じです（☞68ページ）。

　直接経費は、特定製造指図書に集計された実際発生額をもって直接経費の額とします。これも、総合原価計算の場合と同様です（☞72ページ）。

　直接費は、賦課することができますが、間接費は配賦が必要になります。その方法は…（次項に続く）。

部門間接費として配賦するのが原則

📱 配賦には予定配賦率を用いる

　個別原価計算における**間接費**の配賦は、原価計算基準に具体的な定めがあります。それを見てみましょう。

　まず、①間接費は部門間接費として配賦するとあります。つまり、個別原価計算では、部門別計算を必ずしなければならないということです。

　次に、②配賦には予定配賦率を用いるとあります（☞84ページ）。

　これは、実際配賦率では、操業度によって配賦率が変動して、期間の比較がしにくいなどのデメリットがあるからです。実際の間接費の集計に時間がかかって、スピーディな原価計算ができない点もデメリットといえます。

　その予定配賦率の設定に用いるのが、③単一基準配賦法または複数基準配賦法です（☞86ページ）。そのためには、④固定費と変動費を分けることが必要になります（**固変分解**）。

　固変分解の方法は、「各費目を調査し、費目によって」とあるので、「費目別精査法」です（右ページ参照）。

📱 予定操業度なども必要に

　予定配賦率の設定には、**予定操業度**も必要です。これについては「この期間における生産ならびに販売事情を考慮して定めた操業度」とあります。これは⑤「**期待実際操業度**」と呼ばれるものです。

　また「直接作業時間、機械運転時間、生産数量等間接費の発生と関連ある適当な物量基準」ともあります。つまり、直接材料費法などの金額法は使わないということです（☞90ページ）。

　以上で設定した予定配賦率を用いて、⑥部門間接費として製造指

個別原価計算の間接費を配賦する決まり

①間接費は原則として部門間接費として配賦する

②間接費は原則として予定配賦率で配賦する

③予定配賦率は単一基準配賦法などで算定する

④間接費の予定額を計算するために固変分解をする

⑤予定操業度は期待実際操業度を用いる

⑥部門間接費は製造指図書に配賦する

⑦補助部門費は直接、指図書に配賦することがある

図書に配賦するわけです。

　なお、⑦は部門間接費の配賦の例外を示しています。一部の補助部門費を製造部門に配賦しないで直接、指図書に配賦できるというものです。

　たとえば、工場長の給料などの補助部門費を、一般費として処理する例などが考えられるでしょう（☞82ページ）。

Check!　　　　　**固変分解の方法は？**

　固定費と変動費を分けるには、いくつかの方法があります。費目別精査法はわかりやすいので、よく使われています。「勘定科目法」ともいい、勘定科目（費目）を調べて、その勘定科目ごとに固定費か変動費かに分ける方法です。ただし、あまり正確な方法とはいえません。多少、不正確でもよい場合の簡便法と考えればよいでしょう。

仕損は「仕損費」の計算を行なう

直接労務費を加工費として配賦できる

　総合原価計算と同じく、個別原価計算での仕損や作業くずについ
ての定めもあります。かなり処理が違うものもあるので、順に見て
いきましょう。

　まず、**加工費**についての定めがあります。通常、個別原価計算で
は直接労務費をそのまま、製品に賦課します。部門別計算の配賦は
必要ないわけです。

　しかし、それがむずかしい場合は、直接労務費と製造間接費を合
わせて、つまり加工費として製造指図書に配賦することができます。

　例としてあげられているのは、ヒトの労働と機械の作業が密接に
結びついて、直接労務費と製造間接費を、分けることがむずかしい
場合などです。

個別原価計算の「仕損費」の計算方法は

　次に、仕損の処理ですが、総合原価計算の場合とは違い、かなり
細かい定めがあります。大きな違いは、原則として「**仕損費**」の計
算を行なう点です。

　仕損が補修可能で、そのための補修指図書を発行する場合は、そ
の補修指図書に集計された製造原価を仕損費とします。

　補修ができなくて、代品を製作するために新しい製造指図書を発
行する場合は、全部が仕損だったときは旧製造指図書に集計された
製造原価が仕損費、一部が仕損だったときは新製造指図書に集計さ
れた製造原価が仕損費です。

　製造指図書を発行しない場合は、補修に要する製造原価を見積も
って仕損費とします。

6章

製品別の原価を計算しよう

個別原価計算の仕損費と作業くずの処理は

仕損費① ⇐ 補修指図書に集計された原価を仕損費にする

補修指図書を発行する場合は
そこに集計された製造原価が仕損費

仕損費② ⇐ 新旧の製造指図書の原価を仕損費にする

全部が仕損のときは旧指図書の原価が仕損費
一部が仕損のときは新指図書の原価が仕損費

作業くず ⇐ 価額を見積もって部門費から差し引く

価額は総合原価計算の副産物と同じ計算
ただし発生部門の部門費から差し引く

Point

仕損は総合原価計算と異なり、仕損費を計算する。
作業くずは発生部門の部門費から差し引く

　また、仕損品を売ることができる場合は、その見積売却価額を、製造指図書に集計された製造原価から差し引いたものが仕損費です。ただし、ごく軽い仕損の場合は仕損費を計上しないで、単に仕損品の見積売却価額を、製造指図書に集計された製造原価から差し引くだけで、済ませることができます。

　以上のようにして計算した仕損費は、製造指図書に賦課するか、間接費として仕損の発生部門に配賦するのが、処理の方法です。

　最後に、**作業くず**の処理ですが、総合原価計算の副産物と同じ方法で価額を計算します（☞108ページ）。

　ただし、総合原価計算ではその価額を主産物の総合原価から差し引きましたが、個別原価計算では発生部門の部門費から差し引きます。また、どの製造指図書の分とわかっている場合は、その直接材料費または製造原価から差し引くこともできます。

期間原価だから費目別計算だけ

📊 販売費および一般管理費の分類基準は

製品別の計算を行なう製造原価に対して、**販売費および一般管理費**は製品別の計算を行ないません。部門別の計算も不要で、行なうのは費目別計算だけです。

製品別計算を行なう「製品原価」に対して、販売費および一般管理費は、その期間の売上に対応する「期間原価」だからです（☞30ページ）。

そこで、販売費および一般管理費の費目別計算ですが、原価計算基準では、分類は形態別分類を基本にし、これを直接費と間接費に大別し、さらに必要なら機能別分類を加味することになっています。実はこれ、製造原価の費目別計算とまったく同じです。

共通する部分を抜粋してみると、以下のようになります。

「原則として、形態別分類を基礎とし、これを直接費と間接費とに大別し、さらに必要に応じ機能別分類を加味して（後略）」

ただし、販売費および一般管理費のほうには、期間原価であることを示す「一定期間の発生額を計算する」という一文と、製造原価の費目別計算に準ずる旨が加えられています。

つまり、販売費および一般管理費の分類基準は、製造原価と同じということです。

📊 費目別計算の形態別分類と機能別分類は

まず、形態的分類について見ると、右の図の左側のようになります。これは、原価計算基準に例としてあげられた分類です。多少、古めかしい表現になっていることから、1960年代に公表された、そ

販売費および一般管理費の分類のしかたは

形態別分類

給料
賃金
消耗品費
減価償却費
賃借料
保険料
修繕料
電力料
租税公課
運賃
保管料
旅費交通費
通信費
広告料
　　　　　　　など

機能別分類

広告宣伝費
出荷運送費
倉庫費
掛売集金費
販売調査費
販売事務費
企画費
技術研究費
管理費
重役室費
　　　　　　　など

のままになっていることがわかります。

　次に、同じく原価計算基準から機能的分類を引用すると、図の右側のとおりです。

　形態的分類、機能別分類ともに、製造原価の経費の分類と同じものが混じっていますが、これは原価が発生した場所によります。工場で発生したものは製造原価の経費に分類され、本社や営業所で発生したものは販売費および一般管理費になるわけです。

　たとえば、同じ給料でも、工場の事務員の給料は製造原価の経費ですが、本社の事務員の給料は販売費および一般管理費です。

　このほか、直接費と間接費、固定費と変動費の分類についても、製造原価と同様になります。

「技術研究費」は
販売費および一般管理費？

　原価計算基準では、販売費および一般管理費の項目の後に「技術研究費」の項目が立てられています。

　新製品や新技術の開発などの費用で、会社全体に関するものは、必要なら販売費および一般管理費と区別し、別の項目として記載できるという、簡単なものです。

　実際にも、試験や研究のための費用の一部は、製造原価として会計処理されています。

　法人税法では「試験研究費」といいますが、研究の段階に応じて３つに分類する決まりです。

　「基礎研究」「応用研究」「工業化研究」の３つがその分類で、このうち工業化研究に該当することが明らかなものは、法人税法上も製造原価にできます。

　会計処理のしかたは、材料費・労務費・経費の各科目として処理してもよいし、試験研究費などの複合科目（☞56ページ）を設けて、一括してもかまいません。

7章

原価計算でコストを
管理しよう

標準原価計算は、原価管理を最大の目的にした
原価計算です。これまで見てきた実際原価計算
とどこが違い、どんな方法で原価を管理するの
か、この章で見ていきましょう。

標準原価計算とはどのようなものか

📟 最も重要な目的は原価管理

原価計算制度——財務諸表を作成するために採用できる原価計算は、実際原価計算と標準原価計算だけです。実際原価計算と並ぶもうひとつの原価計算、標準原価計算とは、どのようなものなのでしょうか。

標準原価計算には、4つの目的があるとされています。これを見ると、標準原価計算がどのようなものか、わかります。

第1の目的は、「原価管理」を効果的に行なうことです。そのための原価の標準として、「**標準原価**」を設定します。これが、標準原価計算の最も重要な目的とされています。つまり、標準原価計算は**原価管理ができる**原価計算です。

第2の目的には「真実の原価」、すなわち**財務諸表が作成できる**原価として、製品や仕掛品などのたな卸資産の価額、売上原価の計算をすることがあげられています。財務諸表が作成できることは、標準原価計算の大きな特徴です。

実際の原価でなく、標準原価で財務諸表が作成できるとは、不思議な感じもしますが、その方法はこの章で説明していきます。

📠 記帳を簡単に、迅速にする目的も

第3の目的は、予算の作成のために信頼できるデータを提供することです。標準原価をあらかじめ定めておき、実際に発生した原価と比較して、差異を分析します。

つまり、**予算管理ができる**原価計算ということです。

標準原価計算の４つの目的

①
原価を管理するために

原価の標準として「標準原価」を設定する

②
財務諸表をつくるために

たな卸資産と売上原価を算定する

③
予算を管理するために

予算の作成に信頼できる情報を提供する

④
記帳を簡略、迅速に

原価計算制度として組み入れる

Point

最大の目的は「原価管理」。
「財務諸表」「予算管理」「記帳の簡略化・迅速化」も

　第４の目的としては、記帳が簡略化、迅速化することがあげられます。

　標準原価計算の考え方では、標準原価こそが真実の原価ですから、実際原価の集計を待たずに、完成品原価を計算することが可能です。その結果、実際原価計算より**簡単**に、**迅速に計算**できるわけです。

　このような特長があるからこそ、標準原価計算は、原価計算制度のひとつになっているといえるでしょう。

標準原価はあらかじめ定める

標準原価を算定し各部署に指示する

標準原価計算は、大まかにいうと右の図のような手順で進められます。

まず行なうのが、**標準原価の算定**——標準原価を定めることです。標準原価は、直接材料費、直接労務費などの直接費、製造間接費、さらに製品原価について算定します（☞124ページ）。

実際原価と違って、原価が発生する前にあらかじめ標準原価を設定するのが、標準原価計算の特徴です。

また、一度定めた標準原価も、つねに現状に合っているかチェックし、生産の条件や価格などに変化があれば、現状に即するように改訂を行なう必要があります。

定めた標準原価は、文書にして各部署に指示を伝えます。この文書は、標準原価計算の補助的な記録にもなるものです。文書の様式や記載する内容は、会社に合わせて決めることになっています。

Check! 標準原価を指示する文書とは

原価計算基準には、次のような例があげられています。
①標準製品原価表：原価単位あたりの直接材料費，作業種類別の直接労務費、部門別製造間接費配賦額の標準などを、数量・金額で示したもの。
②材料明細表：原価単位あたりの生産に必要な直接材料費の種類・品質・標準消費量などを指定したもの。
③標準作業表：原価単位あたりの生産に必要な作業の種類・作業部門・使用する機械工具・作業の内容・作業の標準時間などを指定したもの。
④製造間接費予算表：費目別予算表と部門別予算表があり、それぞれの総額と、月別予算額などを記載したもの。

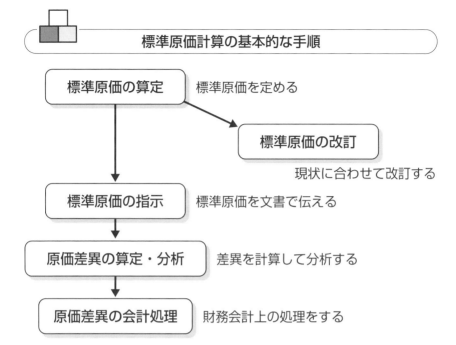

標準原価計算の基本的な手順

標準原価の算定　標準原価を定める

↓

標準原価の改訂

現状に合わせて改訂する

標準原価の指示　標準原価を文書で伝える

原価差異の算定・分析　差異を計算して分析する

原価差異の会計処理　財務会計上の処理をする

原価差異を計算・分析して原価管理に役立てる

　実際に生産が行なわれ、原価が発生したら、いよいよ計算と分析に入ります。標準原価と、実際に発生した原価を比較して、その差額を計算・記録するわけです。標準原価と実際発生額との差額を「**原価差異**」とか「**標準差異**」といいます。

　原価差異を計算・分析するのは、第1に財務会計上の会計処理のためです。標準原価計算では、標準原価によって財務諸表を作成します。ですから、最後の段階で原価差異を適切に会計処理しないと、製品原価の確定や、正しい財務諸表の作成ができません。
　第2には、差異を分析した結果を、経営者や各部署の管理者に提供して、原価管理に役立ててもらう目的があります。
　前項で見たように、これこそが標準原価計算の最も重要な目的といえるものです。

51 標準原価の定め方

標準原価は原価の要素ごとに定める

🖩 正常原価や予定原価などを用いる

それでは、標準原価の定め方（算定）から見ていきましょう。

おさらいになりますが、標準原価には現実的標準原価か正常原価、または予定原価を用いるのでした（☞28ページ）。

「**現実的標準原価**」は、よい条件のもとで達成できる原価の現実的な目標です。一方「**正常原価**」は、異常な事態を除いて、過去の実績の平均に、今後の傾向を加味した原価の目標をいいます。

また「**予定原価**」は、材料や労働時間などの予定消費量・予定価格から計算した予定の原価です。実務上、標準原価として用いられることがあります。

現実にはありえない理想的標準原価は、標準原価としては用いません。

🖩 標準原価の物量基準、価格基準とは

そこで標準原価の算定ですが、原則として「**物量標準**」と「**価格標準**」の両面を考慮するとされています。

まず、標準直接材料費について見ると、物量標準は「標準消費量」、価格標準は「標準価格」です。そこで、両者を掛けると標準直接材料費になります。

同様に標準直接労務費は、物量標準である直接作業の「標準時間」と、価格標準の「標準賃率」を掛けたものです。

このように、標準原価の算定は原則として、物量標準と価格標準を掛けたものになります。

一方、標準製造間接費は、部門別に算定します。つまり、部門別製造間接費の標準とは、その期間に各部門で発生する製造間接費の

124

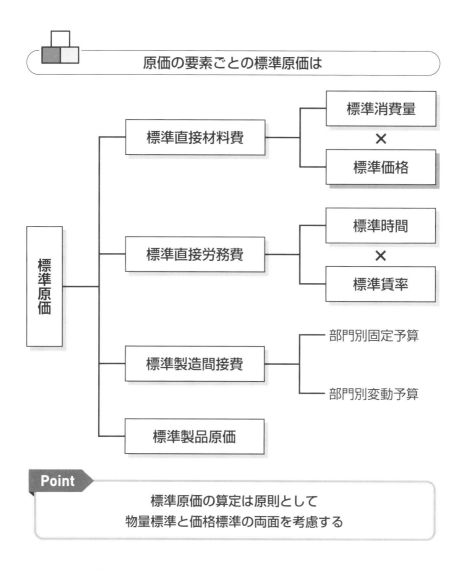

原価の要素ごとの標準原価は

標準直接材料費 → 標準消費量 × 標準価格

標準直接労務費 → 標準時間 × 標準賃率

標準製造間接費 → 部門別固定予算 / 部門別変動予算

標準原価

標準製品原価

Point

標準原価の算定は原則として
物量標準と価格標準の両面を考慮する

予定額、予算です。ここでは、予定原価を用いるわけです。算定方法は、実際原価の部門別計算に準ずるとされています。

　部門間接費予算には、予想される操業度（☞54ページ）にもとづいて立てる「固定予算」と、操業度の変動に対応して立てる「変動予算」がありますが、これについては次項で、少し具体的に見ることにしましょう。

　標準製品原価についても、次項で見ます。

52 製造間接費の標準

部門間接費は予算を定める

📒 製造間接費の固定予算、変動予算とは

　製造間接費の標準とは、その期間に各部門で発生する製造間接費の予定額、つまり予算です。予算ですから、直接材料費や直接労務費の標準の計算に使う数量や単価ではなく、予算の総額を決めなければなりません。

　なぜ総額が必要かというと、製造間接費の予算を基準操業度で割ったものが、予定配賦率になるからです。製造間接費の配賦は、予定配賦率で行なわれます（☞84ページ）。

　そこで、予算の総額を決める方法は、2つあります。

　ひとつは、その予算の期間について予想される、一定の操業度にもとづいて算定する方法で、「**固定予算**」といいます。

　固定予算は、予想される操業度にもとづいて総額を計算するので、実際の操業度が変動しても変化しない、固定的なものになります。いわば、全額を固定費と考えるようなものです。

　もうひとつは「**変動予算**」で、操業度の増減に応じて異なる予算を設定しておきます。操業度が大きければ大きな予算に、小さければ小さな予算に変動するわけです。

📒 変動予算を算定する実査法、公式法とは

　固定予算は、一定の操業度にもとづいて算定するので、ひとつだけです。しかし、変動予算は操業度に応じて、いくつかの予算を算定する必要があります。変動予算を算定する主な方法は，次の2つです。

　第1は「**実査法**」といいます。固定予算の基準にした基準操業度

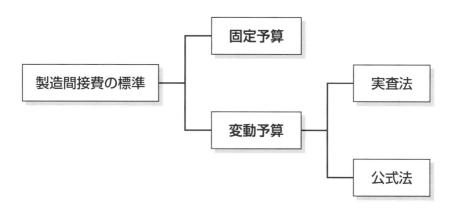

予算には固定予算と変動予算がある

```
                              固定予算
製造間接費の標準                              実査法
                              変動予算
                                              公式法
```

Point

予算には固定予算と変動予算、
変動予算には実査法と公式法がある

を中心に、プラス・マイナス一定の範囲内にいくつかの操業度を設定し、各操業度に応じた製造間接費予算を列記しておく方法です。各操業度に応じた予算は、製造間接費を実査して調べます。

第2の方法は「**公式法**」です。公式法では、製造間接費を固定費と変動費に分け、固定費は操業度の増減に関係なく一定とします。

一方、変動費はあらかじめ変動費率を調べておいて、操業度が増減するつど掛け合わせて算定します。

Check!　　　　標準製品原価も定める

　標準製品原価は、原価単位あたりの標準直接材料費と、標準直接労務費などを集計し、これに標準間接費配賦額を加えて算定します。標準間接費配賦額は予定配賦率から計算しますから、標準製品原価を算定するためにも予定配賦率が必要なわけです。標準間接費配賦率は、固定予算の算定の基礎にした操業度と、その操業度での標準間接費の額から計算することになっています。

予定価格などで計算すると生じる

📠 原価差異にも2つある

標準原価を算定し、各部署に指示をして、実際に生産が行なわれると、実際原価の発生額がわかります。ここから、**原価差異**の算定と分析が始まります。

実は、標準原価計算だけでなく、実際原価計算でも原価差異は生じます。実際原価計算ではほとんどの場合、予定価格や予定配賦率で計算をすることが認められるためです。

ですから原価差異には、①実際原価計算で、予定価格などを用いた場合の原価と実際発生額との差額、②標準原価計算の場合の標準原価と実際発生額との差額、の2つがあります。

①は価格差異だけですが、②は価格差異と数量差異の合計です。差額はどちらも、予定価格・標準原価などと、実際の発生額の差になります。

📠 実際額との差額が原価差異になる

標準原価計算の原価差異を説明する前に、**実際原価計算の原価差異**を見ておきましょう。おおむね、右の図のように分けて算定するとされています。額はすべて、原価計算期間における額です。

このうち、「材料副費配賦差異」「製造間接費配賦差異」「加工費配賦差異」「補助部門費配賦差異」は、それぞれの配賦額と実際額の差異になります。「材料受入価格差異」「材料消費価格差異」「賃率差異」は、それぞれの額と実際額の差異です。

「**振替差異**」とは、工程別原価計算では工程ごとの総合原価を次の工程に振り替えますが（☞106ページ）、その振替価額と、実際額との差額が振替差異です。

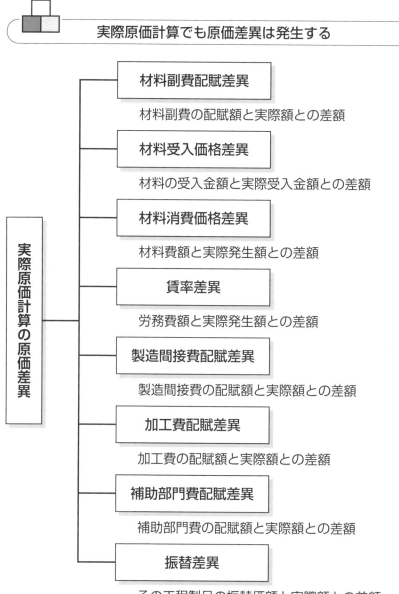

実際原価計算でも原価差異は発生する

実際原価計算の原価差異

材料副費配賦差異

材料副費の配賦額と実際額との差額

材料受入価格差異

材料の受入金額と実際受入金額との差額

材料消費価格差異

材料費額と実際発生額との差額

賃率差異

労務費額と実際発生額との差額

製造間接費配賦差異

製造間接費の配賦額と実際額との差額

加工費配賦差異

加工費の配賦額と実際額との差額

補助部門費配賦差異

補助部門費の配賦額と実際額との差額

振替差異

その工程製品の振替価額と実際額との差額

Point

実際原価計算の原価差異は
予定価格などで計算した場合の原価と実際発生額との差額

54

直接材料費差異の分析

価格と数量に分けて分析する

📱 材料受入価格差異とは

それでは、標準原価計算の**価格差異**を見てみましょう。

標準原価計算の価格差異は大きく、材料受入価額、直接材料費、直接労務費、製造間接費の4つに分けられます。それぞれについてより具体的な差異があるので、ひとつずつ見ていきましょう。

まず、材料受入価格差異です。

【材料受入価格差異】

「材料受入価格差異」は、材料の受入価格を、標準原価で計算することによって生じます。標準受入価格と実際受入価格との差異に、実際受入数量を掛けて計算したものが、材料受入価格差異です。

📱 直接材料費差異とは

「**直接材料費差異**」は、標準原価による直接材料費と、直接材料費の実際発生額との差額です。価格差異と数量差異に分けて、材料の種類別に分析します。

【価格差異】

「価格差異」は、材料の標準消費価格と、実際消費価格との差異にもとづく直接材料費差異です。直接材料の標準消費価格と実際消費価格との差異に、実際消費数量を掛けて計算します。

【数量差異】

「数量差異」は、材料の標準消費数量と、実際消費数量との差異にもとづく直接材料費差異です。直接材料の標準消費数量と実際消費数量との差異に、標準消費価格を掛けて計算します。

受入価格差異と直接材料費差異を分析する

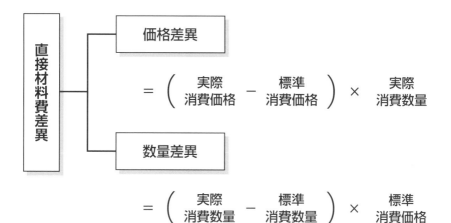

受入価格差異

$$= \left(\begin{array}{c} 実際 \\ 受入価格 \end{array} - \begin{array}{c} 標準 \\ 受入価格 \end{array} \right) \times \begin{array}{c} 実際 \\ 受入数量 \end{array}$$

直接材料費差異

価格差異

$$= \left(\begin{array}{c} 実際 \\ 消費価格 \end{array} - \begin{array}{c} 標準 \\ 消費価格 \end{array} \right) \times \begin{array}{c} 実際 \\ 消費数量 \end{array}$$

数量差異

$$= \left(\begin{array}{c} 実際 \\ 消費数量 \end{array} - \begin{array}{c} 標準 \\ 消費数量 \end{array} \right) \times \begin{array}{c} 標準 \\ 消費価格 \end{array}$$

Point

直接材料費差異は価格差異と
数量差異に分けて材料の種類別に分析する

Check! なぜ受入価格と消費価格に分ける？

　同じ材料費なのに、受入価格と、直接材料費の消費価格に分けているのはなぜでしょうか。

　材料の受入価格は、工場の購買部門の担当です。ですから、受入価格差異の大きい小さいは、購買部門の評価の基準にもなります。

　一方、直接材料費の消費価格は、製造部門の担当です。消費価格の価格差異は、製造部門の作業効率をあらわすといえるでしょう。

　このように、同じ材料費でも、差異が発生する部門が異なるために、受入価格差異と、消費価格の価格差異は分けられているのです。

55

直接労務費差異の分析

賃率と作業時間に分けて分析する

直接労務費差異とは

続いて、直接労務費差異の分析です。

「**直接労務費差異**」とは、標準原価による直接労務費と、直接労務費の実際発生額との差額のことをいいます。直接材料費差異は材料の種類別に分析しましたが、直接労務費差異の分析は、部門別、または作業の種類別です。

また、直接材料費差異が、価格差異と数量差異に分けて分析したように、直接労務費の価格である賃率と、数量である作業時間に分けて分析します。

【賃率差異】

「賃率差異」は、標準賃率と、実際賃率との差異にもとづく直接労務費差異です。賃率差異は、標準賃率と実際賃率の差異に、実際作業時間を掛けて計算します。

【作業時間差異】

「作業時間差異」は、標準作業時間と、実際作業時間の差異にもとづく直接労務費差異です。作業時間差異は、標準作業時間と実際作業時間の差異に、標準賃率を掛けて計算します。

賃率は原価管理がむずかしい

以上のように、直接労務費は賃率差異と、作業時間差異に分けて計算・分析されるわけです。

このうち、賃率差異は、製造の現場では原価としての管理がむずかしいとされています。賃率の変動があるとすれば、賃金制度の変更があったり、賃金の高い労働者を雇用した場合などが考えられま

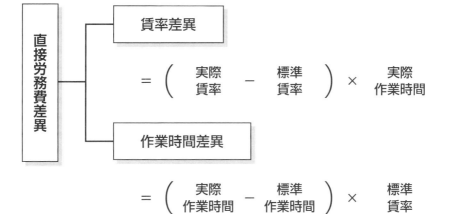

賃率差異と作業時間差異に分けて分析する

直接労務費差異

賃率差異

$$= \left(\begin{array}{c} 実際 \\ 賃率 \end{array} - \begin{array}{c} 標準 \\ 賃率 \end{array} \right) \times \begin{array}{c} 実際 \\ 作業時間 \end{array}$$

作業時間差異

$$= \left(\begin{array}{c} 実際 \\ 作業時間 \end{array} - \begin{array}{c} 標準 \\ 作業時間 \end{array} \right) \times \begin{array}{c} 標準 \\ 賃率 \end{array}$$

Point

直接労務費差異は賃率差異と作業時間差異に分けて
部門別や作業の種類別に分析する

すが、これらは人事に権限のない製造部門の管理者には、管理でき
ないことだからです。

　これに対して作業時間差異のほうは、まさに製造の現場の管理者
が管理しなければならないことといえます。

Check!　　　"直接経費差異" はないの？

　直接材料費、直接労務費とくれば、次は直接経費——ですが、原価差異の分
析対象としては、あまり重視されていません。
　なくはないのですが、直接経費といえばほんどは外注加工費です（☞56ペー
ジ）。外注加工費の原価差異としては、期中に加工賃の値上げがあった場合など
でしょうが、これはそもそも、あまり起こらない事態です。あったとしても、
すぐにわかるので分析するまでもないでしょう。
　そのようなわけで、直接経費の原価差異は原価計算基準でも、とくに項目が
立てられていません。

56 製造間接費差異の分析

能率差異などに分けて分析する

能率差異、操業度差異などがある

製造間接費の差異は、重視されます。製造間接費の標準は、部門別に定めるので（☞112ページ）、部門間接費として計算することが可能です。

ただし、価格と数量に分けることはできないので、能率差異、操業度差異などに分けて分析します。

【能率差異】

「能率差異」は、材料や作業などの能率をあらわす差異です。製造間接費は、材料費・労務費・経費のそれぞれの間接費を合計したものなので、それぞれについて能率があります。

たとえば、間接材料のムダ使いや、能率の悪い間接作業、点検を怠った機械の故障などがあると、原価標準との間に差異が生じるわけです。

【操業度差異】

操業度は、生産設備がどれぐらい稼働しているか、その度合いを示すものです（☞54ページ）。製造間接費の標準は、一定の操業度のもとでの予定額として計算されています。

ですから、操業度が予定と変わると、差異が発生するのです。これが「操業度差異」です。

能率差異は、現場の管理者に管理可能ですが、操業度の変動は現場の管理者にはどうしようもありません。ですから、操業度差異は現場の管理者にとって管理不能の差異になります。

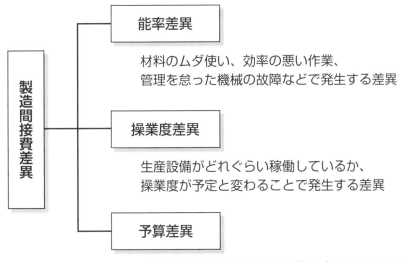

製造間接費差異を分析する

能率差異

材料のムダ使い、効率の悪い作業、
管理を怠った機械の故障などで発生する差異

製造間接費差異

操業度差異

生産設備がどれぐらい稼働しているか、
操業度が予定と変わることで発生する差異

予算差異

実際発生額が標準原価の予算と合わないことで
発生する差異

Point

製造間接費差異は能率差異や
操業度差異などに分けて分析する

予算と実際が合わない予算差異

このほか、予算差異というものがあります。

【予算差異】

製造間接費の標準は、要するに部門別間接費の予算です（☞126
ページ）。配賦基準に、標準配賦率を掛けて計算されていますが、
あくまでも予算であることに変わりはありません。

実際の発生額が、いろいろな原因で予算と合わないことはあるで
しょう。このような差異を「予算差異」といいます。

売上原価に賦課するのが原則だが…

財務会計上、適正に処理する

標準原価計算で行なう原価差異の算定と分析は、前項までで見たとおりです。

しかし、原価差異を算定・分析する目的の第1には「原価差異を財務会計上適正に処理」することがあげられています。つまり、標準原価の算定・分析が終わった後には、原価差異の適正な会計処理が必要です。その適正な会計処理とは、右の図のようになります。

材料受入価格差異などはたな卸資産への賦課も

まず、全体を通しての原則は、売上原価に賦課することです。つまり、損益計算書の売上原価（☞16ページ）の一部としてプラス・マイナスをします。

ただし、材料受入価格差異は別です。これは"受入"をしただけで、全部を消費したわけではありませんから、消費した分は売上原価に、消費していない分は在庫（たな卸資産）に配賦します。

また、予定価格などが不適当なために、比較的多額の原価差異（価格差異）が生じた場合も、売上原価とともに、たな卸資産への配賦が必要です。

Check! 原価差異を算定・分析する目的とは

原価計算基準には「原価差異を財務会計上適正に処理して製品原価および損益を確定する」とともに「分析結果を各階層の経営管理者に提供すること」とあります。つまり、まず財務会計上の適正な処理、そして分析結果の提供という2つの目的があるわけです。

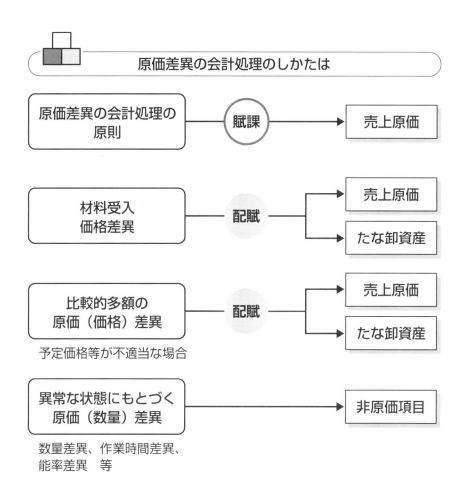

原価差異の会計処理のしかたは

原価差異の会計処理の原則 ── 賦課 ──→ 売上原価

材料受入価格差異 ── 配賦 ──→ 売上原価／たな卸資産

比較的多額の原価（価格）差異 ── 配賦 ──→ 売上原価／たな卸資産
予定価格等が不適当な場合

異常な状態にもとづく原価（数量）差異 ──→ 非原価項目
数量差異、作業時間差異、能率差異　等

　不適当な予定価格などのために生じた大きな原価差異を、すべて売上原価に負担させるわけにはいきません。

　さらに、標準原価計算の場合、異常な状態にもとづく原価差異（数量差異）は、非原価項目とされます（☞24ページ）。

Check!　　実際原価計算の原価差異の処理は？

　実は、上にあげた会計処理の方法は、4番目の異常な状態にもとづく原価差異を除いて、実際原価計算の原価差異の会計処理方法です。
　そして、標準原価計算の原価差異の会計処理は、4番目以外は、実際原価計算の処理の方法に準じて処理するとされています。

予定価格・予定配賦率・予定賃率

　原価計算基準には、しばしば「予定」という単語が出てきます。いわく「予定価格等をもって計算することができる」「予定配賦率によって計算することができる」「予定賃率をもって計算する」などです。

　予定価格などによる計算が認められるのは、予定配賦率の項で見たように、実際価格などを待っていると計算が遅くなるからです（☞84ページ）。

　また、実際価格などは、操業度の増減の影響を受けます。固定費が含まれているので、大量生産のメリットと同じしくみで、操業度が上がると製品単位あたりの固定費が下がるわけです。

　操業度が下がると、固定費が上がって実際価格なども上がります（☞140ページ）。原価は激しく変動することになり、期間を通しての比較などもあまり意味を持たなくなるでしょう。

　このような理由から、むしろ予定価格や予定配賦率によるほうが望ましいとされるわけです。

　ただし、予定価格などによる計算では、実際価格などとの差異が出ます。そこで、実際原価計算でも原価差異の会計処理が必要になるわけです（☞128ページ）。

8章

原価計算で利益の計画をたてよう

原価計算の目的のひとつに、経営計画をたてることがあります。しかし、実際原価計算や標準原価計算だけでは、計画はたてられません。そこで必要なのが「直接原価計算」です。

大量生産のメリットはこれでわかる

📱 直接原価計算は固定費と変動費に分解する

標準原価計算と実際原価計算は、原価計算制度で用いることができる原価計算です。それに対して**直接原価計算**は、原価計算制度で用いることはできません。

原価計算制度では、原則として全部原価を計算しますが、直接原価計算は部分原価を扱うからです（☞32ページ）。

原価計算制度で用いることができないにも関わらず、直接原価計算は「最も重要な部分原価」といわれます。それは、直接原価計算が原価を、固定費と変動費に分解する（**固変分解**☞112ページ）からにほかなりません。

📱 なぜ固定費と変動費に分解するのか

固定費と変動費については、３章で分類を説明しました（☞54ページ）。おさらいをすると、操業度との関連で変動する原価が「**変動費**」、変動せず固定的な原価が「**固定費**」です。

では、この分類にはどのような意味があるのでしょうか。

わかりやすい例は、いわゆる「大量生産のメリット」あるいは「スケール・メリット」と呼ばれるものでしょう。大量生産をするほど原価が下がり、より安く販売できたり、利益が増えたりするというものです。

この大量生産のメリットは、固定費と変動費の分類をしないと、しくみを説明することができません。

54ページでは、固定費と変動費について、総額の変動をグラフで見ましたが、これを総額でなく、製品１個あたりで見ると、また別

なぜ「大量生産のメリット」があるのか

総額で見た場合

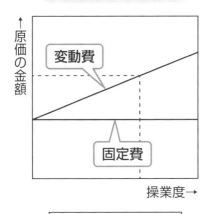

↑原価の金額

変動費

固定費

操業度→

| 総額で見ると、変動費は増加し、固定費は一定 |

1個あたりの場合

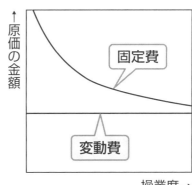

↑原価の金額

固定費

変動費

操業度→

| 1個あたりで見ると、変動費は一定、固定費は減少する |

Point

大量生産をするほど1個あたりの固定費が減少し、
安く販売できたり、利益が増えたりする

の形が見えてきます。

　図右のように、1個あたりでは変動費は一定ですが、固定費は操業度（生産量）が上がるほど減少するのです。その結果、トータルでは原価が下がり、大量生産のメリットが生まれます。

　このような固定費と変動費の考え方を用いると、たとえば「売上高が○○円のときの利益の額」、「目標とする利益△△円をあげるための売上高の額」などがわかります（☞次項）。これらは、全部原価をいくら計算しても、算出が不可能なものです

「売上高○○円のときの利益」がわかる

🧮 直接原価計算の目的とは

　実際原価計算と標準原価計算が、固定費と変動費を分解せず、利益の計画などのために役立たないのは、そもそも原価計算の目的が異なるからです。

　実際原価計算と標準原価計算は、財務諸表を作成することや、原価管理を最大の目的にしています。ですから、全部原価を集計・計算しなければならず、利益の計画などには役立ちません。

　そこで、原価を固定費と変動費に分解する、**直接原価計算**が必要になります。直接原価計算なら、全部原価にしばられることなく集計・計算が可能です。その代わり、財務諸表を作成することはできません。管理会計の一分野なのです。

🧮 直接原価計算で目標売上高や利益がわかるワケ

　直接原価計算は、なぜ利益の計画などに役立つのでしょうか。

　前ページの図左側のグラフをもう一度、見てみましょう。横軸の操業度のとある地点で、上に線を伸ばすとまず固定費の線、次に変動費の線にぶつかります。この変動費の線は、固定費と変動費の合計をあらわすものです。

　そこで、その交点から今度は左に線を伸ばすと、縦軸の原価の金額にぶつかります。つまり、ある操業度のときの、固定費と変動費の合計、すなわち原価がわかるということです。

　原価がわかれば、利益もわかります。ザックリいえば、利益は売上高から原価の合計を引いた残りですから、グラフに売上高の線を引けば、原価の合計との差が利益になるはずです（☞148ページ）。

　つまり、直接原価計算の考え方を使えば「売上高が○○円のとき

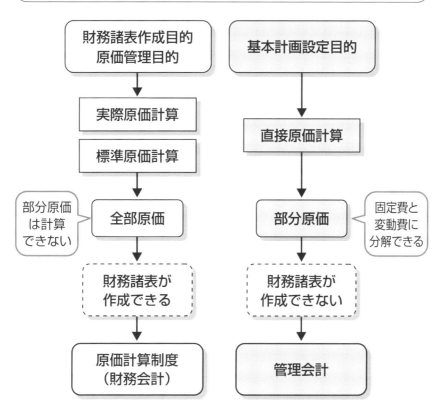

の利益の額」、逆に「目標とする利益△△円をあげるための売上高の額」、さらに「赤字から黒字に転換して、利益が出るようになる売上高や原価の額」などが正確にわかるわけです（☞150ページ）。

Check!　　実際原価計算で直接原価計算？

　実は、原価計算基準では「必要ある場合には」直接原価計算ができるとしている箇所もあります。86ページで見た、部門別計算の製造間接費の集計です。固定費と変動費に分解していることがわかります。ただし、もともとの直接原価計算のように、広範囲に渡って固定費と変動費に分解し、売上高や利益の計画に役立てることはしません。

「売上高○倍のときの利益」がわかる

売上高－変動費－固定費＝利益になる

　実際原価計算や標準原価計算、すなわち財務会計と、直接原価計算では、利益を計算する考え方にも違いがあります。財務会計では、簡略化すると「売上高－原価＝利益」という利益の考え方です。

　一方、直接原価計算では、原価を固定費と変動費に分解しますから、「**売上高－変動費－固定費＝利益**」となります。では、この２つの計算式の違いは、どんな違いとなってあらわれるでしょうか。

直接原価計算で損益計算書をつくる

　直接原価計算で損益計算書をつくってみると、たとえば図右側のようになります。左側は、財務会計による損益計算書を簡略にしたものです。

　直接原価計算による損益計算書では、「**貢献利益**」というものが出てきますが、これは後で説明します（☞154ページ）。ここでは、売上高から変動費を差し引いたものと、考えておいてください。

　ただし、この貢献利益には大きな特長があります。それは（154ページで説明しますが）、売上高の増減に比例して増減することです。そこで、２つの簡略化した計算例で考えてみましょう。

　たとえば、売上高が２倍になったときの営業利益を知りたいとして、財務会計による損益計算書では、まったく手のつけようがありません。固定費と変動費が一緒になっているので、売上高が増えたときに原価がどうなるか、わからないからです。

　一方、直接原価計算によるものでは、ここで貢献利益が役に立ちます。貢献利益は、売上高の増減に比例して増減するので、売上高が２倍になれば、貢献利益も２倍の100です。ここから固定費の30

直接原価計算で損益計算書をつくると

（財務会計）

```
売上高 － 原価
        ＝ 利益
```

（直接原価計算）

```
売上高 － 変動費
      － 固定費 ＝ 利益
```

（財務会計）

損益計算書　例

Ⅰ	売上高	100
Ⅱ	売上原価	60
	売上総利益	40
Ⅲ	販管費	20
	営業利益	20

（直接原価計算）

損益計算書　例

Ⅰ	売上高		100
Ⅱ	変動売上原価		30
	変動製造マージン		70
Ⅲ	変動販売費		20
	貢献利益		50
Ⅳ	固定費		
	1. 製造間接費	20	
	2. 販管費	10	30
	営業利益		20

を引いて、売上高2倍の営業利益は70とすぐにわかります。

　非常に簡略化した例ですが、財務会計と直接原価計算の利益の計算の違い、そこから直接原価計算ではどんなことができるのか、少しだけわかると思います。

Check!　　実際には「固定費調整」が必要

　実際の直接原価計算による損益計算書では、固定費は発生した分、全部を計上します。一方、財務会計では、固定費は売れた分だけ計上する決まりです。そのため、両者の営業利益の金額には差が出ますが、これは直接原価計算の側で「固定費調整」という手続きをすることによって、一致させることができます。

「目標利益を達成する売上高」もわかる

📱 CVP分析（損益分岐点分析）とは

前項で見たように、直接原価計算では、売上高と原価（固定費＋変動費）から利益を考えます。このように、売上高と原価と利益の関係を分析する手法を「**CVP分析**」といいます。

CVPは、Cost（原価）、Volume（販売量）、Profit（利益）の頭文字です。原価計算では、固定費と変動費を操業度との関連で考えますが、CVP分析では、販売量（売上高）との関連で考えるわけです。

CVP分析は、日本語で「**損益分岐点分析**」とも呼ばれます。損益分岐点とは、当初は赤字だった利益が、売上高が上がるにつれ赤字幅が縮小し、ついにはゼロ、損益トントンになる点のことです。この時点の売上高を「**損益分岐点売上高**」といいます。

損益分岐点売上高を超えると、売り上げれば売り上げるほど、利益が増えていくわけです。

このような損益分岐点を中心に、売上高と原価と利益の関係を分析するのがCVP分析（損益分岐点分析）です。

📱 損益分岐点を計算で求める

損益分岐点は、計算式で求めることができます。右の図①の式がそれです。

この式の分母は（面倒な説明は省きますが）、整理すると「**限界利益率**」になります。「**限界利益**」とは、右の図②のように売上高から変動費を引いたものです。前項で登場した貢献利益と同じようですが、この関係は後で見ます（☞154ページ）。

売上高に対する限界利益の比率が限界利益率で（③）、この限界

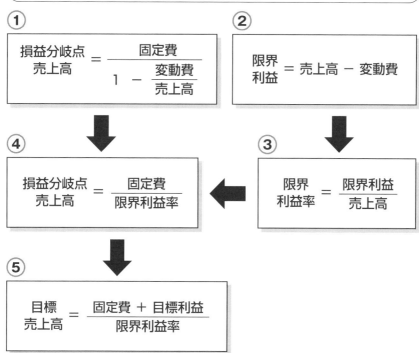

損益分岐点を計算式で求めるには

①
$$\text{損益分岐点売上高} = \frac{\text{固定費}}{1 - \dfrac{\text{変動費}}{\text{売上高}}}$$

② 限界利益 = 売上高 − 変動費

④
$$\text{損益分岐点売上高} = \frac{\text{固定費}}{\text{限界利益率}}$$

③
$$\text{限界利益率} = \frac{\text{限界利益}}{\text{売上高}}$$

⑤
$$\text{目標売上高} = \frac{\text{固定費} + \text{目標利益}}{\text{限界利益率}}$$

Point

損益分岐点の考え方を使えば
目標利益をあげる目標売上高なども簡単に計算できる

利益率を使って、損益分岐点売上高をあらわしたのが④の式です。

それでは、この式はどのように使えるでしょうか。たとえば、利益の目標をたてて、その目標利益を達成するにはどれだけの売上高を目標とすればよいか、求めてみましょう。

損益分岐点売上高は、固定費をまかなって損益がトントンになる売上高ですから、その固定費に目標利益を足せば、固定費と目標利益をまかなえる売上高になります。つまり、⑤の式で目標売上高がカンタンに計算できるのです。

62 損益分岐点図表とは①

CVP分析はグラフでわかる

📱 損益分岐点図表のつくり方

　CVP分析の考え方は、グラフで見るとわかりやすいでしょう。これまで何度か見てきた、操業度や売上高と、利益・費用の関係を示したグラフのもとになっているもので、「**損益分岐点図表**」と呼ばれています。

　右の図が損益分岐点図表ですが、このグラフのしくみを見てみましょう。横軸には売上高、縦軸には利益・費用をとります。

　そこでまず引くのが、水平な「固定費線」です。この線は、売上高が増えても変動しない固定費をあらわします。

　次に、固定費線の上に引くのが変動費の線です。これは、売上高に応じて変動する変動費をあらわしますが、固定費の上に乗って合計をあらわすので、「総費用線」になります。

　最後に引くのは、右上に向かって伸びる「売上高線」です。

📱 損益分岐点図表の使い方

　売上高線を引くと、総費用線と交差する点があらわれます。この点では売上高と総費用の額が一致するので、利益はゼロです。その代わり、損失も出ていません。この点より手前では損失が出て、この点より先では利益が出ます。

　この点が損益の分かれ目、「**損益分岐点**」です。

　そこで、損益分岐点図表の使い方ですが、もしグラフに正確な目盛りを付けることができれば、売上高や利益の額を読み取ることができます。

　たとえば、横軸の売上高のとある点から上に線を伸ばし、売上高

損益分岐点図表でわかるＣＶＰ分析

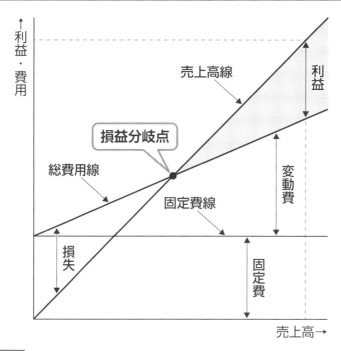

ＣＶＰ分析はこのような考え方で
費用、売上高、損益を分析している

線と総費用線の間の幅を測れば、とある売上高のときの利益の額を
読み取ることが可能です。つまり、「売上高が○○円のときの利益
の額」がわかります。

　また反対に、縦軸の利益のとある点から右に線を伸ばし、売上高
線と交差する点の売上高を測れば、とある利益をあげるための売上
高の額を読み取ることができるでしょう。つまり、「目標とする利
益△△円をあげるための売上高の額」がわかるわけです。

　ＣＶＰ分析では、この損益分岐点図表のような考え方によって、
費用（原価）や売上高、損益を分析しています。

会社のコスト構造もわかる

利益が出やすい会社、出にくい会社

　損益分岐点からは、会社のコスト構造を読み取ることもできます。これも、損益分岐点図表で見るとわかりやすいでしょう。

　一般的に、損益分岐点は低いほどよい指標です。損益分岐点が低いということは、少ない売上でも利益が出やすいことをあらわしています。売上高が上がるほど、利益は大きく増えるはずです。しかも、多少、売上が下がっても赤字転落するリスクは小さくなります。

　一方、損益分岐点が高いと、利益を出すためには大きな売上高が必要です。少し売上が下がっただけでも、赤字転落するリスクが高まります。

損益分岐点分析でコスト構造を改善する

　では、損益分岐点を下げるには、どうしたらよいでしょうか。グラフで考えてみましょう。

　ひとつは、**固定費を減らす**ことです。固定費を減らすと、固定費線が下がって総費用線も下がります。一方、売上高線は変わらないので、損益分岐点が下がるわけです。

　会社の経営者のなかに、賃上げに否定的な人が多いのは、このことが関係しています。正規雇用の人件費は固定費になりますから、賃上げはすなわち固定費の増加につながるからです。

　損益分岐点を下げるもうひとつの方法は、**変動費率を下げる**ことです。「変動費率」とは、売上高に対する変動費の比率のことで、グラフでは変動費線の傾きにあらわれます。

　変動費率が下がると、変動費線の傾きが緩やかになって、損益分岐点が下がるのです。右のグラフで確認してみてください。

利益が出やすい会社とは

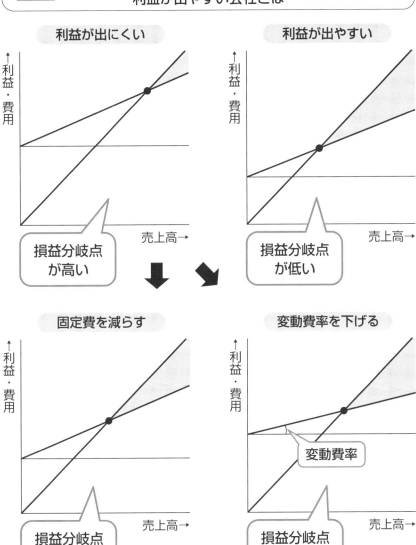

利益が出にくい

↑利益・費用

売上高→

損益分岐点
が高い

利益が出やすい

↑利益・費用

売上高→

損益分岐点
が低い

固定費を減らす

↑利益・費用

売上高→

損益分岐点
が下がる

変動費率を下げる

↑利益・費用

変動費率

売上高→

損益分岐点
が下がる

Point

会社のコスト構造も、コスト構造を改善する方法も
損益分岐点分析からわかる

151

会社の安全の程度がわかる

損益分岐点比率は低いほどよい

損益分岐点分析の最も基本的な手法として、「**損益分岐点比率**」を計算する方法があります。損益分岐点比率とは、右の計算式のように損益分岐点売上高を実際の売上高で割ったものです。原価計算では「**損益分岐点操業度**」ということもあります。

損益分岐点比率が低いほど、現在の売上高が損益分岐点売上高と比べて大きいことを示し、業績が好調とわかるわけです。黒字の会社は100％未満になり、赤字の会社では100％を超えます。

同じ赤字の会社でも、損益分岐点比率が150％の会社は黒字転換までの道のりが長く、105％の会社ならもう少しで黒字転換できるといった見方も可能です。

安全余裕率はプラスで大きいほどよい

もうひとつ、「**安全余裕率**」を見る方法があります。安全余裕率は、損益分岐点比率と同じ考え方にもとづきますが、分子に実際の売上高から損益分岐点売上高を引いた金額をとるものです。

損益分岐点比率よりダイレクトに、会社の安全性と、その余裕の程度を知ることができます。

赤字の会社ではマイナスの比率が出ますが、黒字の会社はプラスの比率です。同じ黒字の比率でも、たとえば50％なら現在より5割、売上が落ちても赤字にならないことを示します。かなり安心して、事業を進めることができるでしょう。

しかし、安全余裕率が5％だと、現在より6％、売上が下がっただけで赤字転落することになります。会社は、かなり余裕がない状況とわかるのです。

損益分岐点比率と安全余裕率の考え方

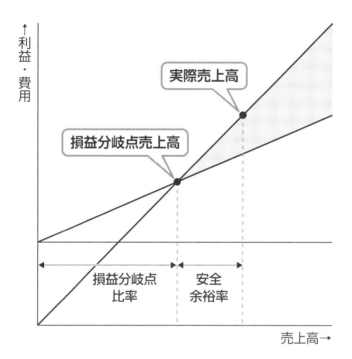

$$損益分岐点比率 \quad = \quad \frac{損益分岐点売上高}{実際売上高}$$

$$安全余裕率 \quad = \quad \frac{実際売上高 - 損益分岐点売上高}{実際売上高}$$

Point

損益分岐点比率と安全余裕率は同じ考え方だが、
安全余裕率はダイレクトに余裕の程度がわかる

65 限界利益と貢献利益

同じものか、違うものか

📟 限界利益は固定費と利益を足したもの

　ここで、ＣＶＰ分析（損益分岐点分析）で重要な役割をはたす限界利益と、貢献利益について整理しておきましょう。

　「**限界利益**」は146ページでふれたように、売上高から変動費を差し引いたものです。直接原価計算の考え方では、利益は売上高から変動費と固定費を引いたものですから、限界利益は固定費と利益を足したものということになります。

　ですから、もしも限界利益が固定費以下だと、利益は出ず赤字です。限界利益はまず、固定費をまかなうための利益と考えることができます。限界利益率は、限界利益を売上高で割ったものです。

　以上のことを覚えておくだけでも、いろいろな場面で限界利益が役に立ちます（☞次項）。

　また、限界利益は変動費を除いているため、売上高に比例して増減します。

📟 限界利益とは違う貢献利益とは

　次に「**貢献利益**」ですが、貢献利益は限界利益と同じ意味で使う場合と、違う意味で使う場合があります。

　違う意味で使う場合は、右の図の式に示したように、限界利益から「**個別固定費**」を差し引いたものです。個別固定費とは、個別の事業に直接的に関係する固定費をいいます。

　たとえば、ある事業の広告宣伝費を考えてみると、広告宣伝は事業の売上に直接的に関係するものです。そして、広告宣伝費は売上が上がっても上がらなくても一定の、固定費になります。ほかに、その事業の人件費や、接待交際費などが個別固定費です。

限界利益とは、貢献利益とは

直接原価計算の利益の考え方

売上高 － 変動費 － 固定費 ＝ 利益

限界利益の計算のしかた

限界利益 ＝ 売上高 － 変動費

限界利益 ＝ 固定費 ＋ 利益

$$限界利益率 ＝ \frac{限界利益}{売上高}$$

貢献利益とは

貢献利益 ＝ 売上高 － 変動費 － 個別固定費

Point

貢献利益は限界利益と同じ意味で使う場合と
違う意味で使う場合がある

　一方、直接原価計算では、固定費が変動費と別に計算されます。
ですから、貢献利益と限界利益は同じ意味です。

Check! 　限界利益の「限界」はリミット？

　限界利益の「限界」はリミットのことではなく、経済学でいうところの限界（マージン）です。経済学では、あるものが増えたときに、別のあるものが増える増加分や増加率のことを「限界」と呼びます。
　一方、貢献利益のほうは「個別」という名前が付いているように、個別の事業が会社全体の利益に、どれだけ貢献したかを示す利益です。

限界利益の計算

目標売上高なども簡単に計算できる

📊 限界利益から目標売上高を計算する

それでは、限界利益の計算式の活用法を考えてみましょう。

前ページで見たように、限界利益の計算式は「固定費＋利益」としてあらわすことができますが、この式から「目標利益をあげるための売上高」などが簡単に計算できます。

145ページの直接原価計算による損益計算書を再掲するので、この例で「営業利益を30に上げる売上高」を計算してみましょう。損益計算書の貢献利益は、限界利益と読み替えてください。

営業利益を30に上げるということは、右図の①の式の利益が30ということです。固定費は30ですから、限界利益は60になります。

目標とする限界利益が50（貢献利益）から1.2倍の60になれば、「限界利益は売上高に比例して増減する」ので、目標売上高も100の1.2倍で120です。

📊 売上高に応じた利益の額を正確に計算する

同様に、②の式で「売上高が増減したときの利益の額」などが計算できます。144ページでふれた「売上高が2倍になったときの営業利益」を再確認してみましょう。

「限界利益は売上高に比例して増減する」ので、売上高が2倍になれば限界利益も50（貢献利益）の2倍で100です。②の式のとおり、ここから固定費の30を引いて、営業利益は145ページの説明と同じ70になります。

さらに、③の式のように変形すると、今度は「目標利益をあげるための固定費の額」などが計算可能です。

限界利益の計算式を変形して計算する

（直接原価計算）

損益計算書　　　　例

Ⅰ	売上高	100
Ⅱ	変動売上原価	30
	変動製造マージン	70
Ⅲ	変動販売費	20
	貢献利益	50
Ⅳ	固定費	
	1. 製造間接費　20	
	2. 販管費　　　10	30
	営業利益	20

①「目標利益をあげるための売上高」などが計算できる式

$$限界利益 = 固定費 + 利益$$

②「売上高が増減したときの利益の額」などが計算できる式

$$利益 = 限界利益 - 固定費$$

③「目標利益をあげるための固定費の額」などが計算できる式

$$固定費 = 限界利益 - 利益$$

Point

限界利益の式を変形すると、目標売上高などのほか、
売上高の増減に応じた利益、目標とする固定費などもわかる

　つまり、変動費が物価上昇などの影響でこれ以上削減できず、売上高の目標も変えられないような場合、限界利益は「売上高－変動費」ですから、限界利益も動かせないことになります。そのような場合に、固定費を抑える目標が計算できる式です。

　たとえば、①の場合と同じ「営業利益を30に上げる」目標をたてて、売上高が変えられないとしましょう。損益計算書の限界利益（貢献利益）は50ですから、目標営業利益30を引くと20です。

　つまり、限界利益（売上高と変動費）と目標利益が変えられない場合でも、固定費を20に抑えることができれば、目標利益30が達成できるとわかります。

「総合原価計算における直接原価計算」とは

　直接原価計算は管理会計の分野なので、原則として実際原価計算には使えません。しかし、原価計算基準には「総合原価計算における直接原価計算」という項目があります。

　内容は、必要があれば、製品の直接原価を計算し、固定費を製品に集計しないことができるというものです。これは一般に、原価計算の目的のひとつである予算管理のことをさしているとされます。

　予算管理では、費用を管理可能費と管理不能費に分類することが必要な場合があります（☞58ページ）。管理不能費には固定費が多いので、固定費を製品に集計しないで、変動費（直接原価）を計算すれば予算の編成と統制がしやすいという考え方です。

　ただし、固定費を集計しないと全部原価計算にはならないので、固定費はたな卸資産と売上原価に配賦するとも述べています。

　これが、直接原価計算による損益計算書の説明で出てきた「固定費調整」なのです。

9章

原価計算で
意思決定をしよう

原価計算制度と並ぶ、もうひとつの原価計算の
分野が特殊原価調査です。この本の最後に、特
殊原価調査とはどのようなものか、ザックリと
見ておきましょう。

67 特殊原価調査とは

意思決定のための原価計算がある

常時継続的な原価計算制度と随時断片的な特殊原価調査

　１章でふれたように、原価計算には２大分野があります。ひとつは、実際原価計算と標準原価計算による原価計算制度、もうひとつが**特殊原価調査**です。

　原価計算と特殊原価調査には、大きな違いが２つあります。ひとつは、常時継続的に行なわれるかどうかです。原価計算制度では、実際原価や標準原価が常時継続的に集計・計算されます。

　一方、特殊原価調査は、必要に応じて、そのときどきに行なわれる統計的な調査や計算です。常時継続的ではなく（原価計算基準によれば）「随時断片的」に行なわれます。

　もうひとつの大きな違いは、原価計算を行なう目的です。原価計算制度では、３つの大きな目的があげられていますが（☞34ページ）、共通するものとして正しい原価、すなわち「真実の原価」を計算するためという目的があります。

　しかし、特殊原価調査のほうは、**選択と意思決定のための情報を提供**することが目的です。そのためには、必ずしも真実の原価である必要がありません。

特殊原価調査の目的とは

　特殊原価調査が必要になるのは、主として経営上の意思決定と、選択（原価計算基準によれば「選択的な事項の決定」）を求められるときです。

　ビジネスは、意思決定と選択の連続といえます。たとえば、新規事業を立ち上げる計画があったとして、その計画には必ず代替案があるものです。

160

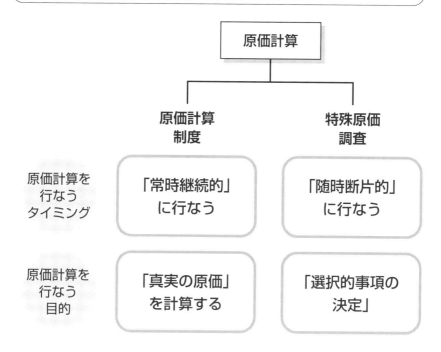

	原価計算制度と特殊原価調査の違い	

原価計算

	原価計算 制度	特殊原価 調査
原価計算を 行なう タイミング	「常時継続的」 に行なう	「随時断片的」 に行なう
原価計算を 行なう 目的	「真実の原価」 を計算する	「選択的事項の 決定」

　新規事業に乗り出さないで既存事業を拡大する、別の新規事業を立ち上げる、その事業の分野で実績のある企業を買収するなどなど、必ず代替案があります。

　それらを比較して、選択をしなければなりませんが、その意思決定のための情報を提供するのが、特殊原価調査なのです。

Check!　　　**意思決定にも種類がある**

　意思決定と聞くと、社長とかCEOとかが会社の重要な事項を決定するイメージですが、意思決定にも3種類あるとされています。
　「業務的意思決定」は、現場のリーダーなどが日常業務や部下の管理などについて行なう意思決定です。「管理的意思決定」は、部長・課長などの中間管理者が、担当部署の業務や進捗度の管理などについて決定します。そして「戦略的意思決定」が経営者や役員などの経営陣が行なう意思決定で、重要度の高い事項について意思決定を行なうものです。

CVP分析なども特殊原価調査

📱 差額原価、機会原価などがある

　特殊原価調査の具体的な手法には、どんなものがあるでしょうか。

　たとえば、8章でとりあげたCVP分析なども、そのひとつといえます。常時継続的ではなく随時断片的に行なう、真実の原価でなくとも意思決定のための情報を提供する、という特殊原価調査の基本に一致するからです。

　そのほか、「**意思決定会計**」と呼ばれるものがあてはまります。意思決定会計とは、財務諸表を作成するためではなく、その名のとおり意思決定のための情報を提供する会計（原価計算）です。代表的な意思決定会計として、次のようなものがあります。

①差額原価

　計画の代替案を比較検討する際など、共通する項目は無視し、元の総原価との差額だけを計算する手法です。差額だけを計算するので、スピーディに結果が得られます（☞164ページ）。

②機会原価

　ひとつの案を選択するということは、他の代替案で得られる利益を失うことと考える手法です。そのため、他の代替案で得られる利益を、選択する案の原価として加算します（☞166ページ）。

　以上の差額原価と機会原価は、特殊原価調査の例として、原価計算基準に名前があげられています。

📱 無視すべき埋没原価とは

　もうひとつ、代表的な意思決定会計があります。

③埋没原価

　意思決定の内容に関わらず発生するコストは、無視をする考え方

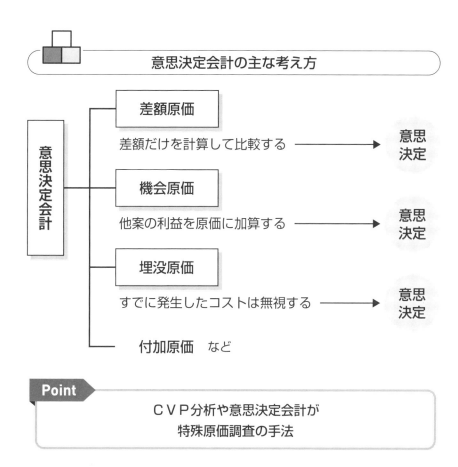

意思決定会計の主な考え方

意思決定会計

- **差額原価**
  差額だけを計算して比較する → 意思決定

- **機会原価**
  他案の利益を原価に加算する → 意思決定

- **埋没原価**
  すでに発生したコストは無視する → 意思決定

- 付加原価　など

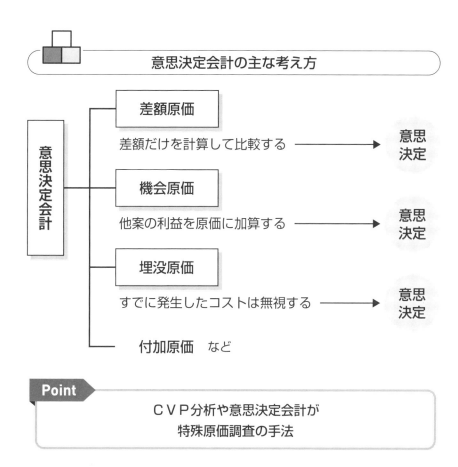

Point

CVP分析や意思決定会計が
特殊原価調査の手法

です。典型的な例として"すでに〇〇円もコストをかけているから、赤字プロジェクトでもやめるのはもったいない"といった判断をする場合があげられます。

　すでにかけた〇〇円のコストは、プロジェクトを継続しても中止しても戻ってきません。この〇〇円が埋没原価です。

Check!　　原価を付け加える「付加原価」
・・

　たとえば、自社所有の土地を事業に使用している場合、コストにはあらわれません。しかし、本来は賃借料などが発生しているはずと考え、あらわれないコストも付け加えるのが「付加原価」です。付加原価も、特殊原価調査のひとつとして、名前があげられています。

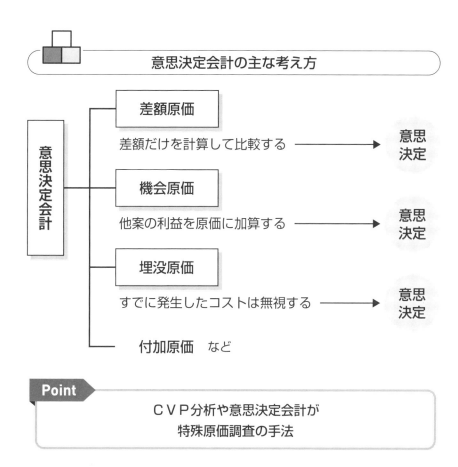

元の原価との差だけ計算する

すべての原価計算を行なう必要はない

　意思決定会計の代表的なものして、「差額原価」とはどういうものか、見ておきましょう。

　差額原価とは、その名のとおり元の原価との差額だけを計算する手法です。元の原価と共通する部分は無視します。

　たとえば、ふだん生産している製品に、期末近くになってセール用の追加注文が入ったとします。セール用なので値引きが条件になっていて、提示された単価は、通常の原価計算では原価割れギリギリだったとしましょう。

　このような場合、通常は、追加注文分についてすべての原価計算を行ない、注文を受けるかどうか、その意思決定をしなければなりません。しかし、差額原価の考え方では、すべての計算を行なう必要がありません。差額だけを計算すればよいわけてす。

差額を計算するもの、しないもの

　たとえば損益計算書で見ると、固定費は注文を受けても受けなくても変わりありません。差額を計算する必要がないということです。

　一方、変動費の部分は、それぞれについて通常の計算にプラスして、差額を計算する必要があります。

　また、差額収益——売上高も追加注文を受けない場合と、受ける場合との差額の計算が必要です。

　そこで、売上高の差額から変動売上原価の差額を引くと、変動製造マージンの差額が計算されます。そこから変動販売費を引いたものが、貢献利益（限界利益）の差額です。

　しかし、固定費は注文を受けても受けなくても、変わらないはず

損益計算書で差額原価を見ると

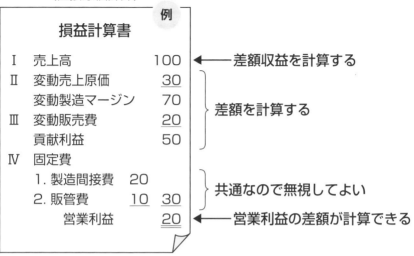

（直接原価計算）

損益計算書 　例

Ⅰ	売上高		100	← 差額収益を計算する
Ⅱ	変動売上原価		30	
	変動製造マージン		70	
Ⅲ	変動販売費		20	差額を計算する
	貢献利益		50	
Ⅳ	固定費			
	1. 製造間接費	20		
	2. 販管費	10	30	共通なので無視してよい
	営業利益		20	← 営業利益の差額が計算できる

ですから、差額の計算は無視することができます。

そこで、固定費は元のままとして計算すると、営業利益の差額が計算できるわけです。

営業利益に、プラスの差額が出ていれば注文を受ける、マイナスになっていれば注文を受けないほうが利益は減らないと、意思決定のための情報が得られます。

Check!　　この場合の固定費が埋没原価

　上記の例の場合、固定費が埋没原価になっています。
　埋没原価は、前項で見たように、意思決定の内容に関わらず発生するコストです。固定費、たとえば工場の家賃などは、追加注文を受けても受けなくても発生します。ですから埋没原価です。
　ほかにも、たとえば人件費などは、一般的に埋没原価になります。正規雇用の従業員の給料は、注文を受けても受けなくても、仕事があってもなくても、支払わなければなりません。ですから、意思決定の内容に関わらず発生する、埋没原価になるわけです。

70 機会原価とは

複数のなかから最も有利な案を選ぶ

他の案で得られたはずの利益を原価に加算する

　もうひとつ、意思決定会計の代表的な考え方に「**機会原価**」があります。機会原価とは、複数の案のなかからひとつの案を採用したときに、他の代替案から得られたはずの利益のことです。

　機会原価の考え方では、ひとつの案を採用すると、他の案を捨てることになります。他の案で得られたはずの利益も、当然、捨てることになるわけです。

　そこで、選択の意思決定をするときは、他の案で得られたはずの利益を、選択した案の原価として加算します。複数の代替案がある場合は、最も利益が多い案の利益を加算するルールです。

　そうすると、選択した案の原価は当然、増えますから、他の代替案についても同じ計算をします。つまり、他の代替案のなかで最も利益が多い案の利益を、原価として加算するわけです。

　こうして、すべての案の機会原価を計算し、比較して、最も利益が多くなる、つまり有利な案を選びます。機会原価は、複数の案がある場合に、最も有利な案を選択するための手法なのです。

一見して出ていない損益も明らかになる

　具体的に考えてみましょう。たとえば前項の例で、追加注文を受けると10万円、営業利益が増えるという計算結果が出たとします。

　しかし通常の計算では、注文を受けなければ追加の売上も、原価も発生しないわけですから、損益はゼロです。この計算をもとに判断すると、注文を受けても受けなくても同じ、どちらでもいいことになります。

　そこで、機会原価の考え方をして、注文を受ける案と受けない案

機会原価で2つの案を見ると

注文を受けない案 と 注文を受ける案 があると考える

↓

 注文を受けない案 （通常の計算）

追加の売上0円 － 追加の原価0円 ＝ 損益0円

↓

注文を受けない案 （機会原価）

追加の売上0円 － （追加の原価0円＋機会原価10万円）
＝ 10万円の損失

Point

機会原価の考え方をすれば
複数の案のなかから最も有利な案を選択できる

の比較をするわけです。

注文を受ける案では、注文を受けない案の機会原価はゼロですから、何も加算しません。一方、注文を受けない案では、注文を受ける案の機会原価が10万円なので、原価に10万円加算します。

つまり、注文を受けない案の損益はゼロ円ではなく、マイナスの10万円になるのです。注文を受けないと損をするということです。

このように、機会原価では一見、出ていないように見える損益も明らかになります。それによって、複数の案のなかから最も有利な案を選択することができる考え方です。

売り損じも機会原価のひとつ

🖩 仕入れ、生産の量が少なければ売り損じ

　機会原価の説明で、よく登場するのがいわゆる「売り損じ」です。前項の例も一種の売り損じといえますが、典型的なのは消費期限の短い食品の仕入れや生産などの場合でしょう。

　仕入れた数量が少なくて、想定以上のお客が来店すると売り損じが発生します。また、材料の在庫を切らして予定した数量を生産できないと、やはり売り損じです。

　もっとも、消費期限の短い食品などは、仕入れ過ぎ、つくり過ぎになれば売れ残りとなり、廃棄すれば現実に損失が出ます。多く仕入れれば、つくればいいともいえず、判断がむずかしいところです。

🖩 売り損じも販売できなくした商品も機会原価

　機会原価で考えると、売り損じは機会原価になります。たとえば、100個売れると考えて100個つくり、実際は150個分のお客がきたとします。

　通常の考え方なら、商品が好評で売り切れたわけですから、担当者は大喜びするところです。

　しかしこの場合、50個は売り損じになっています。

　そこで、機会原価の考え方では、もともと100個つくる案と、150個つくる案があったと考えるのです。そして、この場合は100個つくる案を選択したことになります。

　ですから、150個つくる案なら得られたはずの、50個分の利益は機会原価です。100個の利益の計算は、100個の原価に機会原価50個を足して行なう必要があります。機会原価50個分の利益が減ることになるでしょう。

機会原価で売り損じの問題を考えると

| 100個つくる案 | と | 150個つくる案 | があると考える |

100個つくる案 （通常の計算）

> 100個の売上 － 100個の原価 ＝ 100個の利益

100個つくる案 （機会原価）

> 100個の売上 －（100個の原価＋売り損じ50個の機会原価）
> ＝ 売り損じ50個の利益減少

Point

> 売り切れで満足してはいけない。
> 最適な数量を仕入れ・生産することが重要

　もっとも、現実の利益が減るわけではありません。あくまでも、得られたはずの利益が減ったということです。

　では見方を変えて、たとえば食品を1個、床に落として販売できなくなったとしたらどうでしょう。この場合も、機会原価になります。落とさなければ得られたはずの、1個の利益が失われているからです。

　このように、機会原価は少しややこしい考え方ですが、有利な案を選択するためには役に立つものです。ぜひ覚えておいて、仕事や、日常生活の選択に役立てたいものです。

減価償却費と意思決定会計

　減価償却は、建物や機械設備など長期間、利用できる資産の購入費用を、購入した年に一度に費用とせず、毎年少しずつ費用として計上していく手続きです。

　建物や機械設備などの資産は、数年から数十年と長く使える一方で、使うにつれて古びて、価値が下がっていきます。そこで、一度に費用とせずに資産として計上し、価値が下がっていく分を毎年、費用として計上していくわけです。

　その毎年、計上していく費用が減価償却費です。

　さて、その減価償却費が意思決定会計とどう関係するかですが、たとえば新しいプロジェクトを立ち上げる場合の、機械設備の減価償却費を考えてみましょう。

　新しいプロジェクトの案について、差額原価を計算するとすれば、減価償却費も計算の対象になります。ただし、すでに稼働している機械設備を新しいプロジェクトで使用する場合は、差額原価の計算に入れません。

　稼働している機械設備の減価償却費は、すでに発生しているコストなので、埋没原価になるからです。

　一方、新しいプロジェクトのために新しい機械設備を導入するなら、その減価償却費は差額原価の計算に入ります。

　このように、減価償却費には、埋没原価になるかならないかの見分けが必要です。

さくいん